アクティブ・ラーニングを位置づけた中学校理科の授業プラン

山口 晃弘 編著

明治図書

はじめに
Introduction

　ご存知のように，学習指導要領は約10年ごとに改訂されています。

　「脱ゆとり教育」に舵を切った前回の改訂では，学習内容が増え（復活し）ました。中学校理科はその追い風を受けて授業時数も大幅に増え，一度は教科書から消えていた「電力量」「力の合成と分解」「仕事と仕事率」「原子の成り立ち」「イオン」などの学習内容が復活しました。

　次期の学習指導要領では，知識や技能の習得に傾倒せず，思考力や表現力の育成も重視するという方針が改めて打ち出されています。

　馳浩文部科学大臣の「教育の強靱化に向けて」というメッセージによると，「ゆとり教育」か「詰め込み教育」かといった，二項対立的な議論には戻らず，知識と思考力の双方をバランスよく，確実にはぐくみ，学習内容の削減は行わない，としています。

　また，「学習過程の質的改善」が打ち出されています。これは，学習内容にとどまらず，児童・生徒の学び方にまで広がるかなり踏み込んだ改訂で，ある意味「改革」といってよいほど大きなことであると言えます。

　この児童・生徒の学び方を改革するキーワードが，「アクティブ・ラーニング」というわけです。

　こうなると，「知識は教科書に書かれていて教師が教えるもの」と考えていた教師には，「知識は，児童・生徒の頭の中で構成され，つくり直されながら獲得されるもの」という考え方への転換が迫られます。これは，別の言い方をすると，知識伝達・注入型の授業ではなく，資質・能力を身につけるための主体的・協働的な学びを位置づけた授業が求められている，というわけです。

　資質・能力を身につけるには，それらを使う場面が必要です。単に形式上，協働的な学習活動を取り入れればよいといったことではなく，資質・能力を伸ばし得る活動を構成する必要があります。

　このような学習指導要領改訂の方向性に対して，学校現場の反応は概ね好意的なようです。そして，よく「小学校や中学校の授業では，すでにアクティブ・ラーニングが実践されている」とか「そもそも理科の観察・実験はアクティブ・ラーニングである」といった声も聞かれます。

　しかし，このようなスタンスでは，この改革に対する認識としては不十分です。「何を教えるか」「どう教えるか」ということだけでなく，児童・生徒に「どう学ばせるか（学び方）」ま

で細やかな注意を払って授業を組み立ててきたかどうか，きちんと振り返る必要があります。これには，教師の大きな意識改革が必要になります。

　さて本書は，上記のような学習指導要領改訂の流れを踏まえ，中学校理科におけるアクティブ・ラーニングの解説と，学校現場ですぐに使える授業プランをまとめた1冊です。
　第2章に収録された各授業プランの冒頭では，教育課程企画特別部会「論点整理」（平成27年8月）の「学習活動の示し方や『アクティブ・ラーニング』の意義等」で示された3つの視点を縦軸，理科授業で一般的な7つの活動を横軸とする表を示し，その授業プランのおおよその性格を示しています。ただし，これはアクティブ・ラーニングの「型」を示すことを目的としているわけではありません。これまでのご自身の授業をアクティブ・ラーニングというフィルターを通して見直すうえでの1つの指標ととらえていただければ幸いです。

　最後になりましたが，本書の出版に当たり，明治図書出版社の矢口郁雄氏には絶大なるご尽力と励ましをいただきました。氏の助言があったからこそ本書が出版できたといっても過言ではありません。ここに改めて厚く御礼を申し上げる次第です。

2016年6月

山口　晃弘

もくじ
Contents

はじめに

第1章 アクティブ・ラーニングを位置づけた中学校理科の授業づくり

1 アクティブ・ラーニングとは何か ……………………………………… 8

2 中学校理科におけるアクティブ・ラーニングの位置づけ ……………… 10

3 本書におけるアクティブ・ラーニングのとらえ ………………………… 12

第2章 アクティブ・ラーニングを位置づけた中学校理科の授業プラン

実験結果を考察し，説明し合おう！ ……………………………………… 14
（1年／第2分野／植物の生活と種類／植物の体のつくりと働き）

ツクシの胞子にはなぜ腕がついているのか考えよう！ ………………… 18
（1年／第2分野／植物の生活と種類／植物の仲間）

未知の金属の種類を特定しよう！ ………………………………………… 22
（1年／第1分野／身の回りの物質／物質のすがた）

3種類の無色透明の液が水溶液かどうか調べよう！ …………………… 26
（1年／第1分野／身の回りの物質／水溶液）

自分たちの力で「授業」をしよう！ ……………………………………… 30
（1年／第1分野／身近な物理現象／力と圧力）

大きな石を船で運ぶ方法を考え，提案しよう！ ………………………… 34
（1年／第1分野／身近な物理現象／力と圧力）

「震度とマグニチュード」について説明しよう！……… 38
（1年／第2分野／大地の成り立ちと変化／火山と地震）

地震と火山が多いのはどのような場所か検証しよう！……… 42
（1年／第2分野／大地の成り立ちと変化／火山と地震）

酸化と還元における化学反応について考えよう！……… 46
（2年／第1分野／化学変化と原子・分子／化学変化）

反応前後で質量が変化する原因を考えよう！……… 50
（2年／第1分野／化学変化と原子・分子／化学変化と物質の質量）

だ液の働きを調べる実験を，対照実験の観点から見直そう！……… 54
（2年／第2分野／動物の生活と生物の変遷／動物の体のつくりと働き）

歯の比較から，爬虫類と哺乳類の違いを説明しよう！……… 58
（2年／第2分野／動物の生活と生物の変遷／生物の変遷と進化）

天気のことわざを説明しよう！……… 62
（2年／第2分野／気象とその変化／日本の気象）

気象予報士になったつもりで天気を予報しよう！……… 66
（2年／第2分野／気象とその変化／日本の気象）

静電気の性質を調べよう！……… 70
（2年／第1分野／電流とその利用／電流）

複雑な回路の電流について考えよう！……… 74
（2年／第1分野／電流とその利用／電流）

より強い化学電池をつくろう！……… 78
（3年／第1分野／化学変化とイオン／水溶液とイオン）

洗剤の性質を，酸性・アルカリ性と関連させて説明しよう！……… 82
（3年／第1分野／化学変化とイオン／酸・アルカリとイオン）

中和反応が進んでいくときの溶液内のイオンの増減を説明しよう！……… 86
（3年／第1分野／化学変化とイオン／酸・アルカリとイオン）

無重量の空間で思い通りの方向に動く方法を考えよう！……… 90
（3年／第1分野／運動とエネルギー／運動の規則性）

これからの地球で推し進めるべき発電方法について討論しよう！ ……………… 94
（3年／第1分野／運動とエネルギー／力学的エネルギー）

ジェットコースターがゴールする順位を考えよう！ ……………………………… 98
（3年／第1分野／運動とエネルギー／力学的エネルギー）

惑星の特徴をつかみ，宇宙の広さを実感しよう！ ………………………………… 102
（3年／第2分野／地球と宇宙／太陽系と恒星）

微生物の働きを確かめるための実験計画を立案しよう！ ………………………… 106
（3年／第2分野／自然と人間／生物と環境）

シミュレーション実験を通して人類が増え続けた理由を考えよう！ …………… 110
（3年／第2分野／自然と人間／生物と環境）

電力を安定供給する方法を考えよう！ …………………………………………… 114
（3年／第1分野／科学技術と人間／エネルギー）

第3章 アクティブ・ラーニングを位置づけた科学的な探究における指導と評価

1 科学的な探究にアクティブ・ラーニングを位置づける ……………………… 120

2 指導と評価のポイント ……………………………………………………………… 122

第1章

アクティブ・ラーニングを位置づけた中学校理科の授業づくり

1

1 | アクティブ・ラーニングとは何か

❶大学教育の改革の中で示されたアクティブ・ラーニング

　英語でアクティブ・ラーニングは active learning で，「能動的学習」や「主体的な学び」等と訳されます。1950年代から使われ出し，2000年代から主に大学での高等教育で幅広く使用されていたといいます[1]。平成24年8月に出されたに中央教育審議会の大学教育改革の答申の中で，アクティブ・ラーニングは提言され，そこでは以下のような説明がなされています。

> 　教員による一方向的な講義形式の教育とは異なり，学修者の能動的な学修への参加を取り入れた教授・学習法の総称。学修者が能動的に学修することによって，認知的，倫理的，社会的能力，教養，知識，経験を含めた汎用的能力の育成を図る。発見学習，問題解決学習，体験学習，調査学習等が含まれるが，教室内でのグループ・ディスカッション，ディベート，グループ・ワーク等も有効なアクティブ・ラーニングの方法である。
> 「新たな未来を築くための大学教育の質的転換に向けて～生涯学び続け，主体的に考える力を育成する大学へ～（答申）」用語集（平成24年8月28日）

　単に授業の内容を学ぶだけでなく，調査や討論，グループワークなどによる課題発見・問題解決を通して，社会で通用する汎用的能力を育成しようというものです。

　注意したいのは，ここには「協働」という語句は入っていないことです。この時点では，学習の方法として協働的な学習である「グループ・ディスカッション，ディベート，グループ・ワーク等も有効」という記述がある程度です。

❷「主体的」だけでなく「協働的」もキーワード

　教育界で広くアクティブ・ラーニングが話題になったのは，平成26年です。

　11月の文部科学大臣から中教審への諮問「初等中等教育における教育課程の基準等の在り方について」（平成26年11月20日）において，アクティブ・ラーニングは**「課題の発見と解決に向けて主体的・協働的に学ぶ学習」**とされ，4か所に登場します。

　この中教審の諮問で浮かび上がってくるキーワードは，「主体的」と「協働的」です。「能動的」と「主体的」は相容れやすいものですが，この2つの語句と「協働的」は異なります。

・主体的（能動的）学習…学習者が自ら進んで学ぶ場面がある。
・協働的学習……………学習者同士が互いにかかわって学んだり、授業者と学習者（教師と児童・生徒）が双方向的にかかわったりする場面がある。

　いずれにしても、アクティブ・ラーニングは児童・生徒中心の主体的（能動的）かつ協働的な学習を指している、ということは間違いありません。

　ここで、以下のチェックリストの質問に答えてみてください。理科を担当する教師として、あなたのアクティブ・ラーニングの意識度が測れます。

理科教師のアクティブ・ラーニングの意識度チェックリスト（質問）

以下の質問の答えを1－3の数字で記入し、合計点を算出します。

当てはまらない…1　どちらとも言えない…2　当てはまる…3

	質　問	記入欄
Q1	アクティブ・ラーニングは、大学や高等学校の授業改革のことである。	
Q2	日本の教育改革の大きな流れと、アクティブ・ラーニングは別である。	
Q3	小学校や中学校は、アクティブ・ラーニングを意識した授業は多い。	
Q4	観察・実験は、そのままアクティブ・ラーニングとなっている。	
Q5	「他者との協働による対話的な学び」の具体的なイメージがもてない。	
Q6	自分の授業改善の方法として、アクティブ・ラーニングは考えていない。	
Q7	授業案を立てるとき、児童・生徒の学び方より教師の指導をイメージする。	

Q1－7の合計点　　　点

　合計点が低いほど意識度が高い、という設定です。

　7点が最高点、21点が最低点となり、7つの質問すべてに「どちらとも言えない」と答えると14点になります。14点では意識度は40％で、平均値よりやや低い値になります。

　ちなみに、都内の公立中学校で理科を担当する教員の平均はほぼ13点でした。あなたの合計点は何点でしたか？

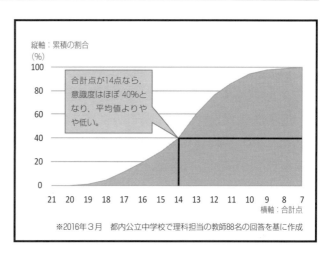

2 | 中学校理科における アクティブ・ラーニングの位置づけ

❶これまで以上に理科の授業として目標を明確にする

　理科の授業で真に求められているのは，自然事象に対する知識・理解をはじめ，科学的な思考力の高まりなど，必要な能力の向上を図ることです。それは，学習指導要領にある教科の目標に行き着きます。「自然の事物・現象に進んでかかわり，目的意識をもって観察，実験などを行い，科学的に探究する能力の基礎と態度を育てるとともに自然の事物・現象についての理解を深め，科学的な見方や考え方を養う」。理科の授業では，この目標の達成のためにアクティブ・ラーニングを取り入れるのです。

　かつて，総合的な学習の時間や「言語活動の充実」が話題になった際にも同様のことが指摘されていましたが，**身につけさせたい力をはっきりさせないままグループワークや発表などをさせても，生徒の活動が目立つだけで中身のない授業になってしまいます。**この点は，今回のアクティブ・ラーニングの導入においても気をつけたいところです。

❷理科はアクティブ・ラーニングを取り入れやすい教科

　理科は，自然な形でアクティブ・ラーニングを取り入れやすい教科であると言えます。通常の理科の授業では，演示実験またはグループごとの生徒実験を行っています。観察・実験は必ず活動を伴い，生徒が主体的に学習しやすく，グループ実験を行えば，生徒同士がかかわり合う協働的な学びの場面ができます。つまり観察・実験は，アクティブ・ラーニングと相性がよいのです。そういう意味で，**実はアクティブ・ラーニングを取り入れた理科の授業をすでに行っている教師は多い**のです。

　授業で何か説明をする場合，板書やプリントだけよりも，視聴覚機器も使った方が，生徒にとってよりわかりやすく，主体的な学びにつながります。

　また，授業で演示実験をする場合，教師が行い生徒はそれを見るだけの場合と，生徒の代表が実験をやってみせ，教師はその支援に回る場合では，後者の方が生徒の主体性や協働性は高まります。

　さらに，生徒実験をする場合，科学的な事実を確認する実験や科学的な事象を体験させるための実験よりも，仮説の検証のための実験（実験方法を生徒が考える実験を含める）の方が，

主体性や協働性は高まります。

　ここで気をつけてほしいのは，理科の授業に観察・実験を取り入れるだけで，生徒の主体的・能動的な学びを保障していることにならない，ということです。また，グループで行う観察・実験が協働的な学びの場に必ずなるとも言えません。

　実際，研究授業を参観していても「活動はあるが学びがない」授業に出会うことがあります。課題解決が形式的になっているパターンです。確かに，生徒が行う観察・実験は活動的に見えるかもしれません。しかし，それだけで主体的とは言えません。あるいは協働的ではない単なる作業のような観察・実験に陥っている場合もあります。ふだんの授業で，レシピにしたがってつくる「お菓子づくり」のような観察・実験をしていないか，十分に留意しておきたいものです。

❸学び方を指導できるか。また，それを評価できるか

　アクティブ・ラーニングの重要性は，すでに学校現場にも浸透してきています。実践に取り組む学校や教師が増えており，次期学習指導要領の実施以前に一定の広がりがみられそうです。しかしながら，アクティブ・ラーニングの認識やその実践の方向性が，これまでの日本の学校教育の中で，きちんと定まっているわけではありません。「これからどうなっていくのだろうか」「まだ何だかわからない」というのが学校現場の雰囲気です。

　例えば，若い教師からよくある質問の1つに，「果たしてそれで学力は上がるのか？」という単純な疑問があります。

　また，「授業時数は足りるのか？」という疑問もよく聞きます。

　さらに，「どう評価するのか？」という疑問があります。「主体的に学習に取り組む態度」の評価は以前から課題になっているところですが，アクティブ・ラーニングを取り入れると「協働的に学習に取り組む態度」の評価も考える必要があります。

　筆者はこの「協働的に学習に取り組む態度」について特に気になることがあります。それは，「論点整理」で示されたアクティブ・ラーニングの3つの視点（次ページ参照）の「対話的な学び」にある「他者との協働や外界との相互作用を通じて，自らの考えを広げ深める」という記述です。「他者との協働」と並列して「外界との相互作用」があげられています。

　理科の観察・実験は「外界との相互作用」に当たります。これがあれば，他者との協働がなくとも自らの考えを深めることができます。本来，思考とは個人的なものです。1人で考える時間が思考を深めます。一方，協働学習ではその個人の思考の幅を広げるのに有効です。

　「外界との相互作用」を「他者との協働」によって対話的に学ぶことによって，より幅広く，より深い学びが成立するはずです。

第1章　アクティブ・ラーニングを位置づけた中学校理科の授業づくり　11

3 本書における アクティブ・ラーニングのとらえ

　学習指導要領の改訂真っ只中の現在，アクティブ・ラーニングについて，具体的な指導法などは明示されていません。特定の指導法をオーソライズして，それをアクティブ・ラーニングの「型」として示すことに対する抵抗感もあるようです。しかし，学校現場はよりわかりやすい解説や幅広い実践事例を望んでいます。

　そこで本書では，理科授業で一般的な7つの活動（A－G）に着目し，それと教育課程企画特別部会の「論点整理」（平成27年8月）の「授業改善への3つの視点」（1－3）をクロスした表を作成しました。次章の授業プランは，その授業で該当するものに「●」をつける形で実践を類型化しています。当然，1つの授業の中に1つの活動・視点ではなく，複数の活動・視点が含まれています。これらの授業プランが，アクティブ・ラーニングについて一定の方向性は示しているものと確信しています。参考にしていただければ幸いです。（山口　晃弘）

【理科授業の活動例】（横軸）
A 調べる………テーマに基づいて調べ，調べることで問題を把握する。
B 発見する………規則性や意外性に気づく。
C 体験する………身近な事象や素材に触れる。
D 話し合う………議論によって思考を深める。
E 選ぶ………複数のものから選択する。
F 説明する………学んだことをプレゼンする。
G かかわり合う…グループワークやペアワークをする。

【「論点整理」3つの視点】（縦軸）
1…習得・活用・探究という学習プロセスの中での，問題発見・解決を念頭に置いた深い学び
2…他者との協働や外界との相互作用を通じて，自らの考えを広げ深める，対話的な学び
3…子供たちが見通しを持って粘り強く取り組み，自らの学習活動を振り返って次につなげる，主体的な学び

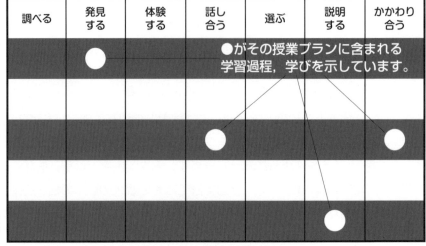

【参考文献】　1　溝上慎一（2014）『アクティブラーニングと教授学習パラダイムの転換』（東信堂）

第2章

アクティブ・ラーニングを位置づけた中学校理科の授業プラン

| 第2分野 | 植物の生活と種類 | 植物の体のつくりと働き |

実験結果を考察し，説明し合おう！

	調べる	発見する	体験する	話し合う	選ぶ	説明する	かかわり合う
習得・活用・探究という学習プロセスの中での，問題発見・解決を念頭に置いた深い学び		○					
他者との協働や外界との相互作用を通じて，自らの考えを広げ深める，対話的な学び				○			○
子供たちが見通しを持って粘り強く取り組み，自らの学習活動を振り返って次につなげる，主体的な学び						○	

1 授業のねらい

> 光合成と呼吸の実験を行い，結果を予想したり，得られた結果を考察したりする。

2 授業づくりのポイント

　植物の観察や花のつくりの学習では，特徴などをまとめ，発表します。その後の光合成と二酸化炭素の関係について BTB 溶液を使って調べる活動で，中学校入学後，はじめて深く考察することになります。変色するおもしろさが生徒の関心を引き，条件制御しやすい優れた実験です。班員全員で納得のいくまで話し合い，分析・解釈をして，考察を組み立てていくよい練習になります。各班の考えを別の班と発表し合い，再度班の話し合いをもつことで，過不足を補います。結果を確認後，話し合いで深まった考察を発表します。最後に個人で文章化して考察をまとめます。様々な言語活動の入り口になる重要な実験です。

3 学習指導案（2時間扱い）

時間	生徒の学習活動	教師の指導・支援
3分	1 BTB溶液の性質を復習する。	・復習として，BTB溶液と二酸化炭素の関係を，指名した生徒に説明させる。
12分	2 3本の試験管をセットし，光の当たる場所に置く。	・青色にしたBTB溶液に息を吹き込み緑色にしたものを用意する（前時に確認済み）。
	課題1 班で結果を予想し合い，他の班に説明しよう。	
15分	3 まず個人で考える。班で予想を出し合って，ホワイトボードにまとめる。	・図を中心に説明を書き込むようにさせる。なるべく短文で示し，説明時に言葉を補うように伝える。
10分	4 となりの班と互いに発表し合い，意見交換をする。	・ホワイトボードにまとめたものを示しながら発表させる。
10分	5 意見交換後，まとめの修正・加筆をする。（数時間後に結果を確認する）	・修正されたホワイトボードを撮影し次時に印刷して渡す。3本の試験管は試験管立てごと教室に持って行かせて経過を観察させる。数時間後にアルミニウム箔をはがし，結果を確認するよう伝える。
5分	1 結果を書き出し，個人で考察する。	・図も含めて各自メモをとるように伝え，個人で考察する時間を少し設ける。
	課題2 結果の考察をまとめ，発表しよう。	
15分	2 班で話し合い，ホワイトボードにまとめる。	・後で発表することを伝え，図を中心に見やすく，わかりやすくするよう助言して回る。
15分	3 班ごとに発表する。	・班全員を発表にかかわらせる。各班のまとめは黒板に貼ったまま残しておく。
10分	4 各班のまとめを基に，学級全体で考察をまとめ上げていく。	・発表された考察を集約するよう促し，他の班のよい点や不足点をあげさせる。各自が考察を書く際のポイントなど，必要な解説を加える。
5分	5 各自ワークシートに考察を文章化する。（続きは宿題）	・表現力を育てるため，最後は必ず個人でまとめさせる。レポートの考察は「難しくない言葉」は避け，「自分の言葉」でまとめるように指導する。 ・翌朝までに提出させ，評価に使うだけでなく，文章表現を赤で修正し，必ず前向きな評価を書いてその後のレポートの充実につなげる。 ・よいものを授業で取り上げ，掲示する。

第2章　アクティブ・ラーニングを位置づけた中学校理科の授業プラン　15

4 授業展開例

　事前に，BTB 溶液と二酸化炭素の関係を十分に理解させておかないと正しい考察ができません。以下のような流れで，色の変化の意味を正しくつかませておく必要があります。

①硫酸ナトリウムなどの中性塩の水溶液に BTB 溶液を加える。ピペットにとった BTB 溶液と同じ緑色になることを確認する。

②知っている酸性の水溶液・アルカリ性の水溶液をあげさせる。酸としてクエン酸，アルカリとして重曹を用意し，それぞれの水溶液をつくる。それぞれに BTB 溶液を加え，色を確認する。炭酸が二酸化炭素の水溶液であること，酸性であることを確認する。

③薄青色にした BTB 溶液に息を吹き込み，緑色，さらには黄色になることを確認する。もう一度薄青色の BTB 溶液に息を吹き込み，今度は緑色になったところで止める。次回の実験では，この状態にしたものを使うことを伝える。さらに，加熱して吹き込んだ二酸化炭素を追い出すと，元の薄青色に戻ることを示しておく。

　第 1 時は，以下の 3 種類の試験管を用意し，光の当たる場所にセットしたうえで課題 1 を提示します。

Ⅹ…緑色にした BTB 溶液＋オオカナダモ
Ⅹ…緑色にした BTB 溶液＋オオカナダモ＋アルミニウム箔
Ⅹ…緑色にした BTB 溶液のみ

課題 1　班で結果を予想し合い，他の班に説明しよう。

　中学校理科の授業ではじめての本格的な話し合いなので，「異なる意見が出たら，班員を納得させるように話し合いを重ね，全員が納得できるまとめにしてください。図をかいて示すとわかりやすいですよ。先生は話し合いの様子を評価します。班員全員が話し合いに参加してくださいね」などと意欲的な参加を促す声かけをします。

　その後，各班がまとめた内容を見とり，説明し合う班の組み合わせを指示します。なるべく異なるまとめをしている班同士で意見の交換をさせたいからです。このときも，自分の言葉で相手にわかりやすく話すように促しました。

　試験管は，試験管立てごと教室に持って行かせ，数時間後に結果を確認させます。

課題2　結果の考察をまとめ，発表しよう。

　第2時では，まず各自で結果を考察させ，それを班ごとにまとめさせます。

教　師　小学校で学んだように，試験管を比べながら色が変わった理由を考えていきます。
生徒A　XとZの結果の違いから，光合成で二酸化炭素を植物が吸ったことが言えるよね。
生徒B　僕たちが最初に予想した，酸素ができることは理由にならないのかな？
生徒C　予想の後，あっちの班では二酸化炭素が減ったか増えたかだけで説明していたよね。
生徒D　BTB溶液の色は，先生が二酸化炭素を入れたり追い出したりしたときに変わったね。
生徒B　Xでは二酸化炭素を使ったから元の青色に戻ったんだね。
生徒A　酸素ができたことは，BTB溶液の色に関係なさそうだね。
生徒C　YのBTB溶液は緑色のままではなく，黄色になったよ。
生徒D　二酸化炭素が増えたんだね。
教　師　どうして二酸化炭素が増えたか考えてみましょう。
生徒B　アルミニウム箔で光が当たらないからZよりも黄色になった…。
生徒C　わかった！　光合成ではなくて呼吸をするんだ！
生徒A　Xの理由も「光をさえぎるものがないので」と付け加えた方がいいね。
教　師　Zも「何もないから」では十分ではないので，きちんと理由を考えてみましょう。

　別のグループでも，Yを「夜と勘違いして」，Xを「二酸化炭素を吹き込む前は弱アルカリ性だったので」などと，少しでもわかりやすく説明しようと理由を付け加えていきました。
　この後，各班ごとに発表を行い，それを基に学級全体で考察をまとめ上げていきます。

5　評価について

　Zは理由を書かない生徒が多いので助言が必要です。「植物がないので光合成も呼吸もせず二酸化炭素の量が変化しない」ことを指摘できれば，対照の意味を理解できていると評価できます。レポートの続きを宿題にする場合，書く前に各自が考察について十分に理解していることが大切です。授業後にも質問は受けることを伝えておきましょう。

（牧野　崇）

| 第2分野 | 植物の生活と種類 | | | | 植物の仲間 | | |

ツクシの胞子には
なぜ腕がついているのか考えよう！

	調べる	発見する	体験する	話し合う	選ぶ	説明する	かかわり合う
習得・活用・探究という学習プロセスの中での，問題発見・解決を念頭に置いた深い学び	●		●				
他者との協働や外界との相互作用を通じて，自らの考えを広げ深める，対話的な学び				●			●
子供たちが見通しを持って粘り強く取り組み，自らの学習活動を振り返って次につなげる，主体的な学び						●	

1 授業のねらい

ツクシの胞子の腕が動く原因を調べ，その意味を考察する。

2 授業づくりのポイント

　ツクシはスギナの胞子茎です。スギナはシダ植物の一種で「花の咲かない植物」の発展として扱えます。ツクシの胞子には腕のように見える「弾糸」という特別な構造が付属しています。弾糸は湿度の変化で伸びたり丸まったりします。はじめに顕微鏡でツクシの胞子に息をそっと吹きかけて，弾糸が動く様子を観察させます。そして，弾糸が動く原因は何かの仮説を立てさせ，実験によって，弾糸が湿ると丸まり，乾くと伸びることを突き止めさせます。そして，今までの学習や経験から，ツクシの胞子の弾糸がどんな役割をもっているのかを推測させます。

3 学習指導案

時間	生徒の学習活動	教師の指導・支援
2分	1　ツクシの胞子について知る。	・ツクシ（実物または写真）を提示し，それがスギナの胞子茎であること，スギナはシダ植物であることを伝える。
	課題1　ツクシの胞子を顕微鏡で見て，ついている腕の動く様子を観察しよう。	
10分	2　顕微鏡で，息を吹きかけたときの弾糸の動く様子を観察する。	・2人1組で顕微鏡観察を行わせる。スライドガラスにツクシの胞子をのせカバーガラスをかけずに倍程度で観察すること，1人が顕微鏡をのぞき，もう1人が息を吹きかけるとよいことなどを指示する。 ・息を吹きかけるとなぜ弾糸が動くのかを考えながら観察させる。
	課題2　息の中の何が弾糸を動かしているのかを実験によって調べよう。	
13分	3　4人グループで，息にはどんな要素があるかをあげ，どの要素が弾糸を動かしているかを調べる方法を考え，発表する。	・各班に意見を出させ，息の中の要素（暖かさ，風，湿り気など）それぞれの実験方法を共有させる。 ・使える器具等（使い捨てカイロ，霧吹き，加湿器など）を伝える。
10分	4　弾糸が息の中のどの要素で動くのかを実験によって突き止める。	・霧吹きの水を顕微鏡に直接かけないなど，安全に実験を行うための注意事項を示す。
5分	5　班ごとの実験結果を発表し，全体で共有する。	・各班の発表から，弾糸は湿ると丸まり，乾くと伸びることを突き止めさせる。
	課題3　今突き止めた弾糸のしくみの意味を考えてみよう。	
8分	6　個人の考えを書いてまとめる。	・今までに学習したマツの花粉の形，胞子が新しいスギナになることなどから，スギナの胞子の散布を考えると，弾糸のしくみはスギナにとってどんな点で有利なのかを考えさせる。
2分	7　次時の活動を知る。	・次時に，個人の書いたものを発表することを伝える。

4 授業展開例

　種子植物の学習や過去の経験から，いろいろな植物が花粉や種子をなるべく遠くまで拡散させるためのしくみをもっていることを生徒は知っています。例としては，マツの花粉の空気袋，マツの種子の羽，虫媒花の花粉のネバネバ，オナモミの種子の刺，オオバコの種子のネバネバなどがあげられます。また，シダ植物が胞子で増えることも前時までに学習しています。

　まず，授業のはじめに，スギナもシダ植物であること，ツクシはスギナの胞子をつくる器官（胞子茎）であることを，まず生徒にとらえさせます。

| 課題1　ツクシの胞子を顕微鏡で見て，ついている腕の動く様子を観察しよう。 |

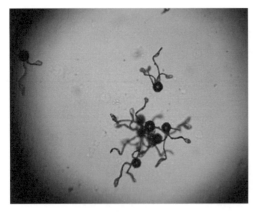 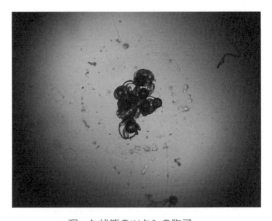

　　　　乾いた状態のツクシの胞子　　　　　　　　　　湿った状態のツクシの胞子

　ツクシ（スギナ）の胞子の観察は，学習指導要領で取り上げられてはいませんが，弾糸の動きはとてもインパクトがあり，生徒からは大きな反応が得られます。

　息を強く吹きかけると胞子が飛んでしまうので，口を大きめに開けて，そっと息を吹きかけるように指示します。息を吹きかけると息の湿り気によって弾糸が丸まりますが，すぐに乾いて元に戻ります。その動きはまるで動物のようです。生徒はおもしろがって何度も息を吹きかけるはずです。

　生徒が何回か弾糸の動きを観察できたら，「息を吹きかけるとなぜ弾糸が動くのかを考えながらもう一度見てみよう」という指示を出します。

| 課題2　息の中の何が弾糸を動かしているのかを実験によって調べよう。 |

観察中には「なぜ」という曖昧な表現をしていたので，実際の授業では，どう考えてよいか
わからない生徒が多かったようです。そこで，次のようなやりとりをしました。

教　師　まず，息にはどんな要素が含まれているかあげてみよう。例えば「暖かさ」とか。
生徒A　なるほど，それじゃ「風」もそうかな？
教　師　そうだね。そうやっていくつかあげてみよう。生徒B　「二酸化炭素」も？
生徒C　それなら「酸素」「窒素」もある。
教　師　他に何か忘れてないかな？
生徒D　息には「湿り気」もあるよね。

　最終的にあげられたのは，上の6つの要素でした。
　実験方法は，「暖かさ」については，使い捨てカイロで温め，「風」は下敷き等で送りました。
「湿り気」はスライドガラスを顕微鏡から外し，霧吹きで遠くから霧をかけました。
　「二酸化炭素」をはじめとした気体については，気体缶からポリ袋に気体を出し，ストロー
を使って，スライドガラスにそっと吹きかけました。実験してみると，どの班も，湿ると弾糸
が丸まることがすぐにわかりました。
　そこで，「弾糸は湿ると丸まり，乾くと伸びること」を確認しました。

課題3　ツクシがそのような弾糸のしくみをもっているのはなぜか考えてみよう。

　最後に，課題2でわかったことを基に，弾糸の役割を考えさせました。
　一人ひとりがワークシートに書いて次時に発表することにしましたが，相談は自由です。生
徒たちは班の仲間と話し合いながらワークシートを書いていました。

　胞子の散布ということを考えると，「乾燥した晴れの日によく飛ぶように弾糸を羽のように
広げ，雨の日は，雨に打たれて近くに落ちるのを防ぐために弾糸を丸めて飛ばないようにす
る」という説明が最も考えやすいですが，実際に生徒に考えさせてみると，「雨から胞子を守
るために弾糸が丸まっている」「弾糸が伸びるときにその反動で飛ぶ」「雨の日は飛ばないよう
に，弾糸を丸めて，つかまっている」等いろいろな意見が出ました。

（岡田　　仁）

第1分野	身の回りの物質	物質のすがた

未知の金属の種類を特定しよう！

	調べる	発見する	体験する	話し合う	選ぶ	説明する	かかわり合う
習得・活用・探究という学習プロセスの中での，問題発見・解決を念頭に置いた深い学び	○	○	○		○		
他者との協働や外界との相互作用を通じて，自らの考えを広げ深める，対話的な学び				○			○
子供たちが見通しを持って粘り強く取り組み，自らの学習活動を振り返って次につなげる，主体的な学び							

1 授業のねらい

> 金属を特定する活動を通して，密度が物質固有のものであることを実感する。

2 授業づくりのポイント

　生徒は，小学校で「体積が同じでも，重さは違うことがある」ということを学習しています。しかし，日常的には「鉄は重く，発泡スチロールは軽い」といったように，体積をそろえて比較することは意識していません。

　そこで，「未知の物質を特定する」という課題を解決する過程で，決まった体積あたりの物質の質量，すなわち密度が物質固有であることを認識させたいと考えました。

　また，密度を求める練習になりがちなので，密度を調べて物質を特定したり，ものの浮き沈みを予想したりする活動を設定することで，密度の本当の意味を実感させたいと考えました。

3 学習指導案

時間	生徒の学習活動	教師の指導・支援
5分	1 課題の状況を整理する。	・密度を調べる必然性をもたせるために，正体がわからない金属の種類を特定する課題を提示する。
	課題 金属の種類を特定しよう。	
5分	2 個人で解決の方法を予想する。	・予想を記述できていない生徒に対しては，見た目以外に調べる方法はないか問いかける。 ・物質固有の性質に着目できていない生徒に対しては，その方法で金属の種類を突き止めることができるかを問う。 ・自信がなさそうにしている生徒に対して，教科書を見てもよいことを伝える。
5分	3 グループで意見を紹介し合う。	・全員が意見を発表するように指示する。その際，「人によっていろいろな考え方があることを知るための話し合いだから，自分と違う考えの人がいたら，その人の考えを歓迎して，なぜその人がそう考えたのかを考えてみるようにしよう」と伝える。
5分	4 全体で考えを共有する。	・種類が異なる物質の質量を比較する際，体積をそろえる必要があることを確認するために，「1kgの鉄と1kgの発泡スチロールは，どちらが重いでしょうか？」と質問する。 ・物質によって密度が決まっていることを確認するために，体積をそろえて質量を比較する意見が出たら，教科書の密度表を見るように指示する。
15分	5 実験で密度を調べる。	・メスシリンダーを利用して固体の体積を測定する場合，固体を静かに入れる方法や目盛りの読み方などを確認する。 ・誤差を減らす方法を確認するために，各班の結果を板書し，複数の結果の平均値を出す方法について話し合わせる。
15分	6 本時のまとめを行う。	・密度の計算のしかたの習得を促すために，練習問題に取り組ませる。 ・密度に着目して事象をとらえさせるために，生徒にとって意外性がある鉄と水銀の浮き沈みを予想，観察させるとともに，水銀の重みを予想させ，確かめさせる。

4 授業展開例

授業開始後すぐに,「今日は,皆さんに,大変貴重な金属をお見せします。大事に取り扱ってください」と言いながら,金属を入れたプラスチックのケースを各班に配布します。実際の授業では,実践によって金属の種類や形は変えましたが,どの実践も金属を金色の塗料で着色しました。金ではないことが明らかでも,生徒は喜んで取り組んでくれました。

教　師　ケースをそっと開けてみてください。
生　徒　きれい！　何だろう…？
教　師　この金属の塊,何でできていると思いますか？
生　徒　銅？　鉄？　金…？
教　師　そうです！「金」です。
生　徒　(ざわついて)ウソだ！
教　師　金だと思う人？
生　徒　(ほぼだれも挙手しない)
教　師　えー。では,金でないと思う人？
生　徒　(ほぼ全員が挙手)
教　師　みなさん,この金属が金でないと言うのですね。その根拠は何ですか？
生徒A　金色の絵の具のようなもので塗っただけでしょう。ほら,傷があります。
教　師　傷があるかどうかで,この金属が金なのか,金でないのかを判断することはできないでしょう？　そこで今日は,この金属が金なのかどうか,もし金でないのであれば正体は何なのかを突き止めてください。

　課題を提示した後,まずは個人で「どのような方法で,金属の種類を特定できるか」を予想させました。机間指導の際,物質固有の性質に着目できていない生徒に対して,「その方法で,金属の種類を突き止めることができますか？」などと問いかけます。

　次に,個人で予想した方法と理由をグループで意見交換させます。これは,全員に自分の考えを述べさせるためです。

　続いて,全体で予想を交流しました。

教　師	発表してくれる人は挙手してください。Bさんお願いします。(意図的指名)
生徒B	僕は，磁石に近づけます。金は，磁石につかないと思うからです。
教　師	なるほど。金は磁石に引きつけられにくいということですね。もし，磁石に引きつけられたら？
生徒B	この金属が金でないことがわかります。
教　師	そうですね。磁石に引きつけられやすい物質，引きつけられにくい物質に分けることができますね。では，この金属の正体が何か調べる方法はありませんか？
生徒C	質量を調べればいいと思います。金は重いと聞いたことがあります。
教　師	なるほど。金は他の金属と比べて質量が大きいということですね。では，1kgの鉄と1kgの発泡スチロールを比べると，どちらの質量が大きいでしょうか？
生徒D	鉄です。
生徒E	いや，どちらも1kgだから質量は同じです。1kgの鉄より1kgの発泡スチロールはとても体積が大きいはずです。だから，体積を同じにする必要があります。
教　師	Eさんが言ってくれたように，体積をそろえたときの質量のことを，「密度」と言います。教科書で金の密度を調べてみましょう。
生徒F	9.3…。
教　師	単位は，「グラム毎立方センチメートル」と呼びます。体積1㎤の質量が19.3gということです。鉄の密度は7.87g／㎤だから，金は確かに鉄と比べて密度が大きいのですね。この金属の密度を調べれば，正体を突き止められそうですね。

　予想の後，教科書で実験方法を調べさせ，実験を行わせます。実験方法を記入したプリントを配布してもよいでしょう。なお，メスシリンダーを使った体積の測り方，注意点については，全体で確認しました。

　実験の後，各グループの結果を板書で整理します。生徒が，密度を根拠に使用した金属が金でなく，おそらく鉄であることに気づいたところで，金属の正体が鉄であることを明かしました。

　最後に，密度の意味と求め方を板書した後，瓶入りの水銀を見せ「鉄は水に沈みます。では鉄を水銀に入れたら，水と同じように沈むでしょうか？」と質問します。密度を根拠とした予想が出されたところで，実際に観察させます。さらに，「持ち上げたときの重みを想像して持ち上げてみましょう」と指示します。生徒は教科書で水銀の密度が13.5g／㎤であることを調べたにもかかわらず，持ち上げたときの重みに驚きの声を上げます。密度が固有の量であることを実感する場面です。

　　　　　　　　　　　　　　　　　　　　　　　　　　　　　　　　　（堀　　浩二）

| 第1分野 | 身の回りの物質 | 水溶液 |

３種類の無色透明の液が水溶液かどうか調べよう！

	調べる	発見する	体験する	話し合う	選ぶ	説明する	かかわり合う
習得・活用・探究という学習プロセスの中での，問題発見・解決を念頭に置いた深い学び	●	●	●		●		
他者との協働や外界との相互作用を通じて，自らの考えを広げ深める，対話的な学び				●			●
子供たちが見通しを持って粘り強く取り組み，自らの学習活動を振り返って次につなげる，主体的な学び						●	

1 授業のねらい

> 既習内容を生かした課題解決を通して，水溶液について理解を深める。

2 授業づくりのポイント

　生徒は小学5年で，物質が水に溶ける量には限度があることや，水の温度や量，物質の種類によって違うことを学習しています。中学1年でも，前単元で，物質の種類によって水への溶け方が異なることを学習しました。本単元では，前時までに，有色物質の水への溶解現象の観察を行い，粒子モデルを使いながら水溶液の透明性，均一性について考えました。

　本時の導入では，生徒に課題意識をもたせるために3種類の無色透明の液を提示します。一人ひとりに課題を見いださせ，既習内容を想起させながら見通しや解決方法を考えさせます。これにより，主体的な課題解決活動を展開し，水溶液についての理解を深めさせます。また，既習内容を活用することのよさを実感させ，自己効力感を高めることもねらいます。

3 学習指導案

時間	生徒の学習活動	教師の指導・支援
2分	1　前時の復習をする。	・水溶液は透明であり，溶質が均一になっていることを確認する。
3分	2　3種類の液を観察する。	・溶け残りのある食塩水，溶け残りのある水酸化カルシウム水，デンプン水を観察させ，それぞれが水溶液かどうかを考えさせ，話し合わせる。 ・いずれも，水道水に物質を入れたものであることがわかるように明示しておく。 ・この段階では，塩化ナトリウム水溶液，水酸化カルシウム水溶液や石灰水という名称は用いない。
5分	3　3種類の液のろ液を観察し，課題を共有する。	・3種類のろ液の様子を観察させ（演示実験），溶け残りの有無では水溶液かどうかの判断ができないことを確認する。

> **課題**　食塩水，水酸化カルシウム水，デンプン水のうち，「水溶液」と言えるのはどれだろうか。

時間	生徒の学習活動	教師の指導・支援
5分	4　課題解決の見通しと実験方法を考える。	・どのような実験をすれば確かめられるかを考えさせる。→<u>ろ過して蒸発させる</u> ・どのような結果が得られれば水溶液と言えるか説明させる。→<u>水を蒸発させて物質が残れば水溶液</u> ・対照実験として水道水も調べなければならないことに気づかせる。
3分	5　実験方法を確認する。	・ろ過や蒸発乾固の方法や注意点を確認する。
20分	6　実験を行い，結果をまとめる。	【実験結果】
5分	7　考察をする。	

【実験結果】

水溶液等	蒸発乾固の結果
食塩水，水酸化カルシウム水	残る
デンプン水，水道水	残らない

> 　水溶液は，食塩水と水酸化カルシウム水である。なぜならば，ろ過した液を蒸発させたとき，物質が残ったからである。

時間	生徒の学習活動	教師の指導・支援
7分	8　本時の学習を振り返る。	・水溶液では，溶け残りの有無に関係なく，溶質が見えない粒子となって溶液全体に分散していることを再確認させる。 ・今回の課題解決の方法は，どのような溶質の場合に活用できるか考えさせる。 ・自分たちの力で課題を解決したこと，これまでの学習が本時の課題解決に生かされていることを価値づける。

4 授業展開例

　本単元の学習の前に，水溶液について事前調査を行ったところ，「溶け残りがあると水溶液ではない」と考えている生徒が多いことがわかりました。また，デンプンが水に不溶であることを学習したにもかかわらず，定着していない生徒が半数程度いることもわかりました。そこで本単元では，食塩などの可溶性の物質やデンプンなどの不溶性の物質の他に，難溶性の物質（水酸化カルシウム）を扱い，比較しながら水溶液の理解を深めました。

　前時までに，有色物質であるコーヒーシュガーが水に溶解する様子をじっくりと観察し，色の広がりや濃さなどに注目しながら物質の溶解と水溶液の均一性について考えました。物質は目に見えない粒子が集まってできていることを知り，溶解のプロセスや水溶液の均一性について粒子モデルを使って考え，説明する活動を行いました。

　本時の導入では，溶け残りのある食塩水，溶け残りのある水酸化カルシウム水，デンプン水を提示し，本時の課題に迫るための揺さぶりをかけました。

教　師　（溶け残りのある食塩水を指しながら）これは水溶液と言えますか？
生　徒　言えません。溶けていません。
教　師　どうして？
生　徒　ビーカーの底に溶け残りがあるから。溶けきってないから。均一じゃないから。
教　師　下に残っているとダメなの？
生　徒　はい。
教　師　（溶け残りのあるデンプン水を指しながら）これは水溶液と言えますか？
生　徒　言えません。溶けていません。
教　師　どうして？
生　徒　ビーカーの底に溶け残りがあるから。デンプンは溶けないから。
教　師　（上澄み部分を指して）この部分に溶けてないの？
生　徒　溶けてないです。
（水酸化カルシウム水もデンプン水と同様の反応）
教　師　じゃあ，みんな溶け残りを気にしているようだから，（ろうとを見せながら）これを使ったらどう？
（3種類の液をろ過した後，ろ液を観察させる）
教　師　この中で水溶液と言えるのはどれ？
生　徒　食塩水だけ？　全部かな…？

写真1　課題意識をもたせる場面

ろ液はすべて無色透明で，溶け残りがないので，生徒たちは迷いました。溶け残りの有無が水溶液かどうかの判断基準にはならないことを確認したうえで，課題を共有します。

> **課題** 食塩水，水酸化カルシウム水，デンプン水のうち，「水溶液」と言えるのはどれだろうか。

まず，課題解決の見通しを個人で考えさせた後，全体で共有します。

教 師 どうすれば，「これは水溶液だ。これは違う」と言えるかな？
生徒A 水を蒸発させて溶かした物質が出てくれば水溶液とわかると思います。
教 師 でもさ，蒸発させるだけだったら，水の中に溶けていたものか，底にあったものか区別できないんじゃない？
生徒B ろ過をしてから，蒸発させればいいと思います。

このように，生徒の考えを引き出し，不十分な点を指摘しながら学級全体で実験方法を確認しました。加えて対照として水道水も調べる必要があることを生徒から引き出しました。

課題意識や解決の見通しをもったことで，生徒一人ひとりが主体的に実験に臨みました。最大4人1組のグループ編成で，ろ過操作を必ず全員にさせます。また，ろうと台を使用せず協働的に活動させることで，ろうとの脚をビーカーの壁につけることの意味を理解させるなど，実験スキルの向上も図りました。

写真2　ろ過の様子

実験結果は，全グループで写真3（左から，食塩水，水酸化カルシウム水，デンプン水，水道水）のようになりました。水溶液の判断基準を意識しながら実験を行ったので，「食塩水と水酸化カルシウム水が水溶液である」と，課題に正対した考察ができました。考察を学級全体で共有した後，教師から水酸化カルシウム水溶液とは石灰水のことで，これまで二酸化炭素の検出に使用していたことを

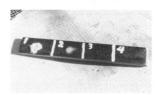

写真3　蒸発後の様子

説明しました。最後に，溶け残りの有無を水溶液の判断基準としていた生徒たちは，本時の学びを振り返り，新たな水溶液の見方・考え方について理解を深めました。

今回は，水溶液について理解が曖昧だった事象を取り上げて生徒の課題意識を引き出し，生徒自身に解決方法を考えさせて結論を導出させ，水溶液への深い理解を目指した授業でした。既習内容を自分たちの学びに生かしたことや自分たちで科学的に解決できたことを価値づけ，生徒の科学的に学ぶ意欲を高めることができました。

（坂本　有希）

| 第1分野 | 身近な物理現象 | 力と圧力 |

自分たちの力で「授業」をしよう！

	調べる	発見する	体験する	話し合う	選ぶ	説明する	かかわり合う
習得・活用・探究という学習プロセスの中での，問題発見・解決を念頭に置いた深い学び	●						
他者との協働や外界との相互作用を通じて，自らの考えを広げ深める，対話的な学び				●			●
子供たちが見通しを持って粘り強く取り組み，自らの学習活動を振り返って次につなげる，主体的な学び						●	

1 授業のねらい

> 生徒が先生の役になり，「力と圧力」の単元について理解を深める。

2 授業づくりのポイント

　他者に教えることは，教える当人にとっても深い学びになります。そこで，小単元ごとに各班に割り当て，生徒に「授業」（以下，「授業」は生徒による授業）をしてもらいます。その準備の過程が，アクティブ・ラーニングそのものです。次ページの指導案は，準備のための授業と生徒による「授業」の2時間分を記載しています。

　もちろん，生徒の「授業」で不足していた内容を教師がフォローすることは欠かせません。小単元ごと，単元の終わりにまとめて，など実情に合わせて行いましょう。通常の授業に比べ，単元全体で数時間余分に時数が必要になるかもしれませんが，責任感をもって深い学習ができるのであれば，年1回程度実施する価値は十分にあります。

3 学習指導案（2時間扱い）

時間	生徒の学習活動	教師の指導・支援
「授業」の準備のための授業		
10分	1　全体の流れを知る。 2　小単元の分担を行う。	・全体の流れ（「授業」準備→班による「授業」）及び各種用紙等の使い方を説明する。 ・単元全体を班の数分の小単元に分け，各班の分担を決める（「力と圧力」単元の分担例は次ページ）。
	課題1　「授業」をするために資料等をつくり，準備を行おう。	
38分	3　「授業」の小単元を学習する。 　　自分たちが教える小単元を学習し，何を説明するか，班員全員で話し合って大まかな見通しをもつ。 4　班員で役割分担をする。 　　説明する人，板書する人，説明用紙にまとめる中心となる人などに役割を分担する。 5　準備する。 　　分担を基に，「授業」の準備を行う。 6　リハーサルをする。 　　準備が終わったら，次時の「授業」のリハーサルを行う。	・教科書，資料集，問題集等を用いるが，必要に応じた資料等も教師が準備をしておく。また，学習における大切なポイント等は各班ごとに教師がアドバイス等を行う。 ・それぞれの分担が具体的に何を行うか，簡単なロールプレイを見せるのもよい。 ・説明用紙には，板書内容と「授業」時の台本を書く（実物は授業展開例参照）。 ・慣れないうちは，1時間で終わらせるのは難しいので，必要に応じ2～3時間程度充てる。 ・遅めの班のみ放課後等に準備を行うなど，臨機応変な対応も必要になる。
2分	7　進行状況確認，授業終了	
生徒による「授業」		
	課題2　準備に基づいて，「授業」を行おう。	
10分	1　発表の仕方，聞き方，他班の評価の方法（評価カード及びコメントシール）を知る。	・評価カードの記入法を説明する。（実物は授業展開例参照） ・コメントシール（消しゴム程度の大きさの小さな白いシール）に各班宛てのコメントを記入することを説明する。
40分	2　各班，発表をする。口頭だけでなく，黒板や資料など，必要に応じて道具も使う。	・発表時のマナーや聞くときのマナーも指導しておく。 ・1つの班の発表を終えるごとに，聞いている生徒には評価カードとコメントシールを記入させる。 ・1時間の中で全班の発表が終わらなければ，次時に続きを行う。

4 授業展開例

「力と圧力」の単元を以下の7つの小単元に分け，それぞれを各班に分担させました。

①力の働き　　　　②いろいろな力　　　③重さと質量　　　④力の表し方
⑤面を押す力・圧力　⑥空気の圧力　　　　⑦水圧・浮力

課題2　準備に基づいて，「授業」を行おう。

班員全員が整列し，あいさつをして「授業」を始めます。資料があれば配付し，説明担当が解説します。板書は黒板担当が行います。すべて終わったら再度全員整列し，あいさつして終えます。班の数や分担内容に応じ，1班あたりの時間を5～10分程度に設定します。

以下は，①力の働きの発表の一部です（次ページに説明用紙を掲載しています）。

説明者　物体に力を加えると，このような働きをします。
　　　　　❶物体を変形させる　❷物体を支える　❸物体の動きを変える

台本通りに説明していますが，聞いている生徒がピンと来ていない様子です。こういった場合は，教師が「『支える』って，例えばどんなこと？」「『動きを変える』例はどんなの？」など，うまく合いの手を入れてフォローします。

説明者　物体を支えるというのは，例えば，手で荷物を持ち上げ，じっとしていることです。
　　　　　（実際にやってみせる）
生　徒　なるほど，そういうことか。

教師は「授業」で不足している内容をチェックしておきます。それを踏まえて，教師がまとめの授業を行うとよいでしょう。

5 評価について

生徒に評価させるときには，次ページの評価カードのように，具体的に何を視点にして評価すればよいのか示す必要があります。またA，B，Cの基準も具体的に説明しておきましょう。生徒の評価カードに記入された内容を，「関心・意欲・態度」等の実際の評価の参考に用いるのもよいでしょう。

（河野　晃）

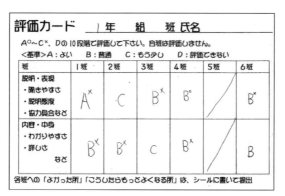

説明用紙（準備の時間は，この用紙の記入が中心になります）

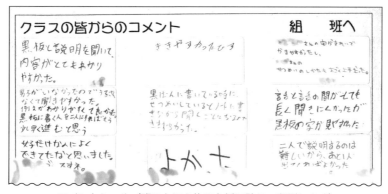

評価カード（「授業」を聞いた他班の生徒が評価を行います）

コメントシール（班ごとに1枚の台紙に貼り，印刷します）

第2章　アクティブ・ラーニングを位置づけた中学校理科の授業プラン　33

第1分野	身近な物理現象	力と圧力

大きな石を船で運ぶ方法を考え，提案しよう！

	調べる	発見する	体験する	話し合う	選ぶ	説明する	かかわり合う
習得・活用・探究という学習プロセスの中での，問題発見・解決を念頭に置いた深い学び	●	●	●				
他者との協働や外界との相互作用を通じて，自らの考えを広げ深める，対話的な学び				●			●
子供たちが見通しを持って粘り強く取り組み，自らの学習活動を振り返って次につなげる，主体的な学び						●	

1 授業のねらい

> 浮力の実験を通して，浮力の大きさと水中の物体の体積の関係をつかみ，それを課題解決に生かす。

2 授業づくりのポイント

　学習指導要領では，浮力について「水中では物体に浮力が働くことにも触れること」と示されています。本授業では，浮力について実験で確認し，課題を解決する方法を考えさせ，その方法を発表させます。

　大阪城，江戸城の写真を大型テレビに映し，城壁の巨石が船で運ばれたことを伝え，課題を提示します。重い石をのせると船が沈むため，石の運び方に工夫が必要になります。発泡スチロールの船と火成岩（花こう岩，玄武岩）を使った実験を通して，生徒は具体的な方法を考え，発表します。

3 学習指導案

時間	生徒の学習活動	教師の指導・支援
5分	1　課題を提示する。	
	課題　石を船で運ぶ方法を考えて提案しよう。	
		・城壁の写真を使って大きな石が船で運ばれたことを説明し，本時はその方法を考え，提案することを伝える。 ・力，圧力，水中での圧力について確認をする。
5分	2　船の模型（発泡スチロール製板）と石を見て方法を話し合い，予想をまとめる。	・個人で考えた後に班で話し合い，ホワイトボードに予想を図や文で書くように指示する。
30分	3　浮力の実験を行う。	・水の深さと浮力に関係があるか，同質量であるが体積が異なるときの浮力はどうなるか，予想を話し合ってから実験を行うように指示する。
	4　船の模型と石を使って，予想を確かめる。	・石を船にのせると船がひっくり返り，石が沈んでしまうことを記録した後に，他の方法を考えて実験するように助言する。 ・他の方法が出てこない班には，浮力の実験の結果を思い出すように助言する。 ・結果を予想と並べて，ホワイトボードに図や文で表すように指示する。
10分	5　ホワイトボードを黒板に提示し，発表をする。	・船の底に石をひもでつるして運ぶことができる理由（根拠）がワークシートの考察欄に記述されているか，確認を指示する。 ・班での話し合いの結果から，自分の考えがどのように変わったか，ワークシートから読み取るように指示する。
	6　全体でまとめを行う。	・浮力について，水中の体積との関係を明確にし，課題に正対した内容で全体のまとめを行うようにする。

第2章　アクティブ・ラーニングを位置づけた中学校理科の授業プラン　35

4 授業展開例

> 課題　石を船で運ぶ方法を考えて提案しよう。

　大阪城と江戸城の写真，小豆島の花こう岩が大阪城に運ばれた石碑の写真と，それぞれの場所を示した日本地図を示し，巨大な城壁の石が船で運ばれたことを説明して，課題に対する興味・関心を高めます。

生徒A　大阪城には大きな石がたくさんあるね。
教　師　石は花こう岩で小豆島から運ばれました。
生徒C　小豆島ってどこにあるの？
生徒D　瀬戸内海だけど，大阪からだいぶ離れているよ。
生徒B　船で石を運んだんだね。
生徒C　船に石をのせて運んだの？　船は沈まないのかな…？
生徒D　船のどこにのせるのかな…？

　既習事項（力の大きさ，圧力の大きさ，水圧）について確認した後，船の模型（発泡スチロール製板）と石を提示し，石を船で運ぶ方法を班で予想させます。予想は，ホワイトボードに図や文で書くように指示します。

　続いて，ばねばかりにつるした物体を水中に沈めたときのばねばかりの指標の変化から，浮力の大きさを測定します。このとき，同質量であるが体積が異なる試料を用意して測定を行います。
　この実験の結果を分析，解釈することで，水中における浮力の存在と，浮力と体積の関係に気づかせることができました。教師から，浮力を考えるときには体積に注目をするように指示します。

　そして，浮力の実験の結果を踏まえて，石を船で運ぶ方法の予想を確かめさせます。浮力は水中の物体の体積に関係があることに注目して実験を行うことを助言しました。

生徒A　浮力は水の深さで変わるのかな？
生徒B　実験で確かめたら，水の深さでは浮力は変わらなかったよね。
生徒C　体積の違いは何に関係があるの？

生徒D　体積が大きい方が浮力は大きいから，水中の体積に注目しよう。
生徒A　船に石をのせてみて。
生徒B　船がひっくり返って石が沈んでしまう…。
生徒C　水中の体積を大きくする方法はないかな？
生徒D　船の底に石をくくりつけたらどうかな？

　結果は，予想と並べてホワイトボードに図や文で表させます。
　そして最後に，各班のホワイトボードを黒板に提示し，班ごとに発表させ，全体のまとめを行います。

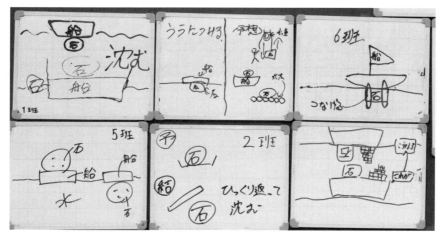

結果と予想を並べて書いた各班のホワイトボード

　生徒のワークシートの考察には，「この（船の底に石をくくりつける）方法は　石と船をくっつけて水中の体積を大きくしたため，石にはたらく浮力を大きくしている」といった記述が見られました。また，感想として「はじめは石を船の上にのせることを考えていたけれど，船の下に石をくっつけ水に入れると浮力で浮くことがわかり，おもしろいなぁと思いました」といった記述も見られました。

5　評価について

　実験レポート（ワークシート）では，上記のように考察と感想を分けて記入させるようにします。考察で課題に正対した内容が記述されている場合，「科学的な思考・表現」の評価をAとします。

（青木久美子）

| 第2分野 | 大地の成り立ちと変化 | | | | 火山と地震 | |

「震度とマグニチュード」について説明しよう！

	調べる	発見する	体験する	話し合う	選ぶ	説明する	かかわり合う
習得・活用・探究という学習プロセスの中での，問題発見・解決を念頭に置いた深い学び	●						
他者との協働や外界との相互作用を通じて，自らの考えを広げ深める，対話的な学び				●			●
子供たちが見通しを持って粘り強く取り組み，自らの学習活動を振り返って次につなげる，主体的な学び						●	

1 授業のねらい

> 「震度とマグニチュード」についてグループごとに学習内容を分担して発表する。

2 授業づくりのポイント

　「授業は先生の話を聞いて学ぶもの」。アクティブ・ラーニングが求められている背景には，そういった生徒の意識が存在します。教師の意識が変わっても，このような生徒の意識を変えなければ，本当の意味でのアクティブ・ラーニングは実現しません。

　そこで，少人数班（3〜4人1班）を編成し，主体的な学習を促すことにしました。少人数にすることにより，ぼーっと他の班員の活動を眺めているだけの生徒をなくします。また，ホワイトボードを使うことにより，生徒の活動を見えやすくします。

　この方法は，何回か実施すれば生徒も慣れ，教師主導の授業と同程度の進度で進めることもできるため，授業を計画するうえでも敷居が低いのが特長です。

3 学習指導案

時間	生徒の学習活動	教師の指導・支援
3分	1　前時の復習をする。	・地震のゆれの伝わり方の要点を確認する。 ・少人数班の活動がはじめてなら，説明をする。
	課題1　「震度とマグニチュード」の要点をホワイトボードにまとめよう。	
20分	2　本時の学習内容を確認する。	・教科書や資料集等の「○ページの…の項目」と具体的に学習内容の項目を説明する。
	3　事前に決めてある3〜4人程度の少人数班の形に机を移動する。	・学級の班が少人数で構成されていれば，それを利用する。学級が6人班であれば，「理科班」と命名して編成する（詳細は次ページ）。
	4　少人数班で要点をホワイトボードにまとめる。	・教科書や資料集だけでなく，独自の資料やインターネット等を活用するのもよい。
	5　記入を終えたホワイトボードを黒板に貼る。	・ただ「まとめよう」と言っても難しい場合もあるので，キーワードや着眼点を示し，その語句を説明するとよい（本時では「各地でのゆれの大きさ」「震度」「マグニチュード」）。
	課題2　「震度とマグニチュード」の説明をしよう。	
20分	6　班員全員が前に出て，班で書いたホワイトボードを使って「震度とマグニチュード」の説明をする。	・聞く側の生徒にも，マナー等を指導しておく。 ・いくつもの班が同じ内容の説明をすると，聞く側がダレてくる。全班が説明するのは時間的にも難しいので，1回の授業では2〜3の班に絞り，残りの班は次の機会，とするのもよい。
	7　聞く側の生徒は，自班に不足していた要点を確認する。	・教師は，生徒のホワイトボードや説明で不足している内容を記録しておく。
7分	8　教師の話を参考にしながら，本時の学習を振り返る。	・生徒の説明で不足していた内容を教師が補足し，学習内容を保障する。 ・「今日の授業で新しく学んだこと」などを2〜3行で各自のノートにまとめるのもよい。

4 授業展開例

　地震の単元を以下の5つの小単元に分け，5時間構成で授業を行います。実際に全部の授業で少人数班の活動を取り入れました（教師主導の場合でも，ほぼ同じ時間数でした）。

---

①地震のゆれ　　　②地震のゆれの伝わり方　　　③震度とマグニチュード（本時）
④地震による災害　⑤地震はどのようにして起こるのか

少人数班の構成方法

　学級での班編成が3〜4人であればそれを活用するとよいでしょう。理科で独自に編成するなら，いくつかの方法が考えられます。生徒たち自身に決めさせる，完全にランダム，男女別，能力的に平均化する，などです。今回は，男女混合で学力の上位から順に各班に振り分けて班を編成しました。1年生では，偶然理科の苦手な生徒ばかりが集まってしまうと，話し合い活動自体がなかなかスムーズに進められないだろうと考えたからです。

　少人数班の活動は，班の構成とホワイトボードの使い方を説明すれば，とりあえずスタートすることが可能です。学習内容を「教科書○ページの…の項目」と具体的に説明しておくことが重要です。また，独自の資料やインターネットが使える環境を準備しておくと，学習の幅が広がります。

課題1　「震度とマグニチュード」の要点をホワイトボードにまとめよう。

生徒A　何を書けばいいかな…。
生徒B　「各地でのゆれの大きさ」「震度」「マグニチュード」を書けばいいんだね。
生徒C　教科書のこの部分の図と文章，使えそうだね。

　ある班では，最初から班員全員が黙り込んで手も止まってしまいました。こうした班には，教師の個別の声かけが必要です。

教　師	今回のキーワードは何だったかな？
生徒D	「各地でのゆれの大きさ」「震度」「マグニチュード」です。
教　師	では，教科書○ページの…の項目からその内容を見つけてホワイトボードにまとめてみよう。

　全班がホワイトボードを書き終え，黒板に並べたところで，いよいよ生徒による説明です。

> 課題2　「震度とマグニチュード」の説明をしよう。

生徒E	震度とは各地のゆれの大きさです。マグニチュードとは，地震の規模を表します。
生徒F	（説明を聞いていた生徒）違いがよくわかりません。

　上の例のように，教科書の文面をそのまま読み上げるような説明をする生徒も出てきます。こういった場合は，その場で教師が生徒Aに助け船を出してあげてもよいですし，その場は生徒に任せておき，右の写真のようにまとめの場面で教師が補足説明をしてもよいでしょう。生徒の実情に応じた対応をすることが重要です。

　本単元にあまり時数を割けない場合には，課題1の後にすぐに教師がまとめをし，すぐに次の内容の課題1に入る，という手もあります。また，生徒による説明が難しい場合には，課題2の替わりに学習内容の定着を図るためのまとめ問題を実施するという方法もあります。課題2の活動そのものをアレンジするならば，右図のように，学習内容のまとめプリントを各班に書かせるのもよいでしょう。全班分を印刷して全員に配布すれば，それだけで立派な参考資料ができ上がります。

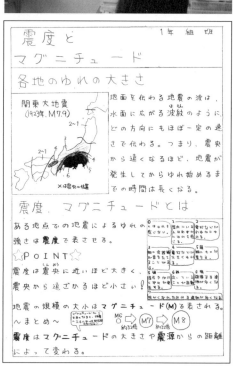

（河野　晃）

| 第2分野 | 大地の成り立ちと変化 | 火山と地震 |

地震と火山が多いのは どのような場所か検証しよう！

	調べる	発見する	体験する	話し合う	選ぶ	説明する	かかわり合う
習得・活用・探究という学習プロセスの中での，問題発見・解決を念頭に置いた深い学び	●	●					
他者との協働や外界との相互作用を通じて，自らの考えを広げ深める，対話的な学び				●			●
子供たちが見通しを持って粘り強く取り組み，自らの学習活動を振り返って次につなげる，主体的な学び						●	

1 授業のねらい

> 地震や火山が多い場所があることについて，資料を調べ根拠に基づいて説明する。

2 授業づくりのポイント

　生徒は小学校で，流水の作用と地層のでき方（5，6年）と火山の活動と火山灰を含む地層（6年）について学習しています。また，前時までに，日本列島付近での震源，震央の場所を確かめ，日本付近の地下に集中していることを学習しています。これに沿うように火山が分布していることも確かめ，日本付近は地震や火山が多い場所であることを学習しました。

　そして本時では，「世界の中で地震と火山が多いのはどのような場所だろうか」という課題を提示します。日本付近と比較して予想し，資料を使って確かめながら，検証していきます。また，学習形態として「ジグソー法」を取り入れることで，他者の考えを聞きながら，自分の説明にも意欲的に取り組ませます。

3 学習指導案

時間	生徒の学習活動	教師の指導・支援
5分	1　今までの学習を振り返る。	・震源，震央が日本付近の地下に集中しており，これに沿うように火山が分布していることを確かめ，日本付近は地震や火山が多い場所であることを押さえる。
	課題　世界の中で地震と火山が多いのはどのような場所だろうか。	
10分	2　世界の中で地震と火山が多い場所について既習事項から予想（仮説）を立て，資料を用いて検証する。	・まず既習事項から個人で予想を立て，グループになって資料を用いて検証（話し合い）をする。 ・タブレット端末等で資料の確認を行う。
	資料　・日本と世界の震央，震源と火山の分布図 　　　　・ウェゲナーの研究（プレートの分布と移動の資料） 　　　　・世界の陸地と海底の地形図 　　　　・ヒマラヤ山脈と伊豆半島の成り立ち	
25分	3　検証した内容を生活班（別のグループ）で発表し合う。	・ミニホワイトボードを使って根拠を明確に示して説明するように助言する。 ・自分の考えとの違いを検証させ，追加や修正は色ペンで記録するように助言する。 ・他の人の発表を聞く中で，根拠や説明が明確でない場合は，質問するように指示する。
10分	4　発表し合った内容に基づいてグループで話し合いを行い，結論を導く。	・話し合いの内容と結論が課題に正対しているか，根拠が明確であるかを確認させる。
	5　全体でまとめを行う。	・根拠となる資料を明確にしながら，課題に正対した内容のまとめを行うようにする。 ・自分の考えの変化を自己評価させる。

第2章　アクティブ・ラーニングを位置づけた中学校理科の授業プラン　43

4 授業展開例

本授業は，「大地の変化」の学習のまとめとして行います。

まず，日本の地震が起こる場所，火山の場所を思い出させます。震源，震央，マグマ，火成岩，花こう岩，玄武岩等の用語はあがるものの，日本付近の特徴については発言が出なかったため，教科書や便覧の資料を確認することで，プレートとの関連に気づかせました。

課題　世界の中で地震と火山が多いのはどのような場所だろうか。

続いて課題を提示し，課題に対する「予想（仮説）」を立てさせます。その際，まずは既習事項から「わかっていること」を洗い出したうえで，予想を行うように指示しました。

わかっていること
・地震はプレートとプレートがぶつかり合って起こる。
・浅いところと深いところの地震がある。
・日本付近は地震も火山も多い。
・Ｐ波とＳ波という速さの違う波がある。

予想
・日本付近。
・プレートとプレートの境目。

次に，グループになって，日本と世界の震央，震源と火山の分布図などの資料を基に予想の検証を行います。資料はタブレット端末等で確認します。日本付近から地球全体の様子に注目する「空間を広げる見方」と，地表から山に注目して標高を高くしたり，海に注目して深度を深くしたりする「立体的な見方」を併用しながら検証するよう促しました。

この後，生活班にグループを再編し，先のグループで検証したことを発表し合います。この活動を通して，自分の検証結果の修正や改善を行います。

そして，各自が発表した内容に基づいてグループで話し合いを行い，課題に対する結論を導いていきます。

生徒A　震源と震央の場所はどこ？
生徒B　太平洋側にたくさんあるよ。
生徒C　ここ，すごいがけになっているよ。
生徒D　プレートがここでぶつかっているね。日本の近くにはプレートがたくさんあるね。
生徒A　ヒマラヤの近くで地震があったけど，ヒマラヤはどうなっているかな？
生徒B　震央がたくさんあるよ。
生徒C　火山は近くにはないけど…。
生徒D　でも，少し離れたところにはあるね。ヒマラヤも日本付近と似ていて，プレートとプレートの境目になっているね。

　このようにして，このグループは「世界の中で地震と火山が多いのはどのような場所だろうか」という課題に対して，「プレートとプレートの境目」という結論に至りました。

　そして，最後に全体で，根拠となる資料を明確にしながら，課題に正対した内容のまとめを行いました。

> 考察　地震と火山は，共通してプレートとプレートがぶつかり合うところで多いことがわかった。
>
> 感想　火山や地震の多い場所とその理由がわかった。日本に地震がなぜ多く起こるのかも理解できた。

5　評価について

　単元の最初に，思いつくことやわかっていることをマップ形式でまとめさせています（なるほどマップ）。さらに，単元末に学習を振り返るマップを作成させることで，学習事項の系統性を意識させています。系統性だけでなく，興味をもったことや調べてみたいことを明確に読み取れる生徒については，「関心・意欲・態度」「科学的な思考・表現」の評価をAとしています。

（青木久美子）

第1分野	化学変化と原子・分子	化学変化

酸化と還元における
化学反応について考えよう！

	調べる	発見する	体験する	話し合う	選ぶ	説明する	かかわり合う
習得・活用・探究という学習プロセスの中での，問題発見・解決を念頭に置いた深い学び		●			●		
他者との協働や外界との相互作用を通じて，自らの考えを広げ深める，対話的な学び				●			●
子供たちが見通しを持って粘り強く取り組み，自らの学習活動を振り返って次につなげる，主体的な学び						●	

1 授業のねらい

> 酸化・還元反応によって生成する物質を原子の結びつきで説明する。

2 授業づくりのポイント

　本単元の目標の1つは，化学式や化学反応式を学習し，様々な化学変化は原子がやりとりされながら行われていくことを実験を通して実感していくことです。しかし，多くの生徒にとって，目の前の実験の様子と目に見えない原子の動きとを結びつけるのは難しいことです。

　そこで，本単元の後半に行われることが多い酸化・還元反応の実験とその流れを工夫することで，生徒自らが実験結果とその過程を予想し，化学反応への理解を深めさせたいと考えました。

3 学習指導案

時間	生徒の学習活動	教師の指導・支援
5分	1 前時に行った酸化銅と炭素による酸化・還元反応の結果を確認する。	・酸化・還元反応について学習した内容を振り返らせる。 ・酸化銅は「還元」され，炭素は「酸化」されることを確認する。 $$2CuO + C \rightarrow 2Cu + CO_2$$
10分	2 集気瓶に二酸化炭素を入れ，ふたをする。	・「二酸化炭素中でものは燃えるか」を問い，反応を予想させる。
	3 マグネシウムリボンに点火し，二酸化炭素中に入れて，反応を観察する。	・反応を確認させた後，課題1を提示する。
	課題1 マグネシウムが二酸化炭素中で燃焼した理由を説明しよう。	
	4 燃焼後の生成物を調べる。	・マグネシウムが燃焼後に何が生成するかを確認させる。
15分	5 課題1に対する自分の考えをワークシートへ記入する。	・既習事項を基に推論させる。
	6 班で話し合い活動を行い，各自が推論したことが妥当かどうか，原子モデルを用いて考える。	・ホワイドボード，マグネット等を配布する。 ・わかりやすくかつ説得力のある説明ができるように考えさせる。
15分	7 話し合い活動の結果を学級全体に発表する。	・説明内容についての質疑応答を行い，考えを深めさせる。
	8 マグネシウムが二酸化炭素中で燃焼する理由をワークシートへまとめる。	・マグネシウムと二酸化炭素による酸化・還元反応について説明する。 $$2Mg + CO_2 \rightarrow 2MgO + C$$
	課題2 銅，炭素，マグネシウムを酸素と結びつきが強い順に並べ替えよう。	
5分	9 前時及び本時の学習内容を振り返り，各自で課題2に取り組む。	・前時から本時にかけて，酸素が3つの原子と結びついたり，離れたりしていることに気づかせ，課題2を考えさせる。

第2章 アクティブ・ラーニングを位置づけた中学校理科の授業プラン

4 授業展開例

まずは，前時の学習内容を復習します。実験内容を振り返り，酸化銅が炭素によって還元されていることを，化学反応式と原子・分子モデルを用いて示しておきます。

「二酸化炭素中でものは燃えると思いますか？」

小学校では，二酸化炭素中でろうそくの火が消える実験を行い，中学1年の気体の性質の単元においても「二酸化炭素は消火剤として利用される」と学習しているため，この問いに対して，多くの生徒が自信をもって「燃えない」と答えます。

そこで，実際に二酸化炭素をためた集気瓶の中に火がついたろうそくを入れ，すぐに火が消えることを確認します。

続いて，マグネシウムリボンに点火し，二酸化炭素中に入れて，反応を観察します。

実験で用いる二酸化炭素は，時間短縮のためガスボンベを用います。集気瓶の大きさにもよりますが，250〜500mL程度であれば1秒間噴射すれば十分です。

ふたを開けたらすぐに点火したマグネシウムリボン（5cm程度）をピンセットを用いて集気瓶に入れます。

演示実験ではなく，できる限り各班での実験とし，生徒が実験結果をじっくり観察できるようにします。

また，時間的に余裕があれば，この実験の前にマグネシウムリボンの空気中での燃焼も生徒に見せて，化学反応式を確認しておきます。そうすると課題1に取り組みやすくなります。

$$2Mg + O_2 \rightarrow 2MgO \text{（酸化マグネシウム）}$$

課題1 マグネシウムが二酸化炭素中で燃焼した理由を説明しよう。

まずは，個人で課題に取り組ませます。

十分に時間をとった後，班ごとにホワイトボードとマグネットを配布し，班の中で話し合いをしていきます。

話し合いに際しては，以下のような条件を提示します。

> ・既習事項や本時の実験結果を踏まえて説明する。
> ・相手にわかりやすく説明することを心がける(ホワイトボードに図や化学式をかいたり,マグネットに元素記号をかいたりしてもよい)。

生徒A　ホワイトボードに集気瓶の図をかいて,その中に CO_2(マグネット)を置くところから始めよう。「C」と「O」の原子(マグネット)が必要だ。
生徒B　マグネシウム(マグネット)をそこに加えることで,燃焼が始まったよね。「Mg」のマグネットをつくって,ここ(集気瓶の図の中)に置くよ。
生徒C　マグネシウムは酸素がなくても燃焼するのかな?
生徒A　ここ(CO_2のマグネット)にある酸素がくっついたと考えられないかな?
生徒C　よし,動かしてみよう。なるほど,つまりマグネシウムが二酸化炭素から酸素を奪った。二酸化炭素が還元されたんだ。
生徒B　酸化と還元は同時に起こると習ったよね。
生徒A　マグネシウムが酸化してできた酸化マグネシウムは白色で,集気瓶の中の白い物質がこれだね。でも,この黒い物質は何だろう?
生徒C　(ホワイトボード上のマグネットを見て)二酸化炭素から酸素がなくなると,集気瓶の中には,MgO と C が残るね。C は,えっと…。
生徒B　C は炭素。炭素って鉛筆の芯に使われているよね。色は黒だ。
生徒A　実験結果と化学反応式が一致したね。どうするとわかりやすく説明できるかな…。

　発表するときにホワイトボードやマグネットを用いなくてもよいことにすると,生徒は表現方法をより工夫するようになります。
　実際の授業においては,酸素が炭素から離れマグネシウムとくっつく部分を,3つの原子それぞれの役を3人の生徒が演じ,演劇風に表現する班もあり,大変盛り上がりました。

> 課題2　銅,炭素,マグネシウムを酸素と結びつきが強い順に並べ替えよう。

　発表を通してそれぞれの原子の動きが見えてきたところで課題2に取り組ませると,ほぼ全員が正解して授業が終わります。

(髙田　太樹)

第1分野	化学変化と原子・分子		化学変化と物質の質量	

反応前後で質量が変化する原因を考えよう！

	調べる	発見する	体験する	話し合う	選ぶ	説明する	かかわり合う
習得・活用・探究という学習プロセスの中での，問題発見・解決を念頭に置いた深い学び	●	●					
他者との協働や外界との相互作用を通じて，自らの考えを広げ深める，対話的な学び				●			●
子供たちが見通しを持って粘り強く取り組み，自らの学習活動を振り返って次につなげる，主体的な学び						●	

1 授業のねらい

反応にかかわる物質の総量は反応の前後で変化しないことを，実験結果に基づいて説明する。

2 授業づくりのポイント

開放系で質量が増加する反応，質量が減少する反応，質量が変化しない反応を経験させ，変化の原因が気体の出入りであることを生徒に発見させます。そのうえで，もし気体の出入りがなかったら反応前後の質量はどうなるかという問いから，密閉容器内で同様の実験を行ったら反応前後で質量が変化しないのではないか，という見通しをもたせます。密閉容器内で気体が出入りする実験を経験させ，ふたを開放しない限りは反応前後で質量が変化しないことを見いださせます。

3 学習指導案（2時間扱い）

時間	生徒の学習活動	教師の指導・支援
10分	1　小学校の復習をする。	・食塩を溶かす前後の質量が変わらないことを演示実験で確認し，化学変化に注目させる。
	課題1　3つの実験を通して反応後に質量が変化する原因を考えよう。	
25分	2　開放系で実験1〜3を行う。 実験1　$NaHCO_3$と塩酸 $HClaq$ 実験2　スチールウールの燃焼 実験3　Na_2SO_4aq と $Ba(OH)_2aq$	・4人ずつのグループで反応前後の質量と現象を記録させ，質量変化の原因を考えさせる。 ・実験1〜3を総合的にとらえ，反応前後の質量の変化について言えることを考察させ，班内で個々の考えを交流させる。
10分	3　各班で話し合ったことを，それぞれ発表する。	・各班の代表者に発表させる。他の生徒にも理解しやすいように，結論と根拠を明確に述べさせる。
5分	4　全体で考えを共有する。	・気体の出入りがある場合に質量が変化することに気づかせる。閉鎖系だったらどうなるのかという疑問は，積極的に取り上げる。
5分	5　課題2を知る。	
	課題2　密閉容器内では，反応前後で全体の質量が変化するのか調べてみよう。	
10分	6　全体で考えを共有する。	・密閉容器内で行ったら，反応前後で容器全体の質量がどうなるかを問いかけ，見通しをもたせる。
15分	7　2つの実験を閉鎖系で行い，質量変化の原因を考える。 実験4　$NaHCO_3$と HCl の反応 実験5　スチールウールの燃焼	・実験4は4人ずつのグループで生徒実験，実験5は演示実験を行い，反応前後の質量と現象を記録させ，質量変化の原因を考えさせる。 ・実験4，5を総合的にとらえ，反応前後の質量について言えることを考察させ，班内で個々の考えを交流させる。
10分	8　各班で話し合ったことを，それぞれ発表する。	・各班の代表者に発表させる。他の生徒にも理解しやすいように，結論と根拠を明確に述べさせる。
10分	9　学習のまとめを行う。	・発表を基に，反応にかかわったすべての物質に注目すれば化学変化の前後で物質の総量は変化していないこと（質量保存の法則）を理解させる。

4 授業展開例

　まず，食塩を溶かす前後で全体の質量がどうなるかを思い出させます。この導入を入れることで質量の変化に意識を向け，今回は化学変化の前後の質量について考えることを伝えます。

　この小学校の復習を足がかりに，課題1に入ります。

> **課題1　3つの実験を通して反応後に質量が変化する原因を考えよう。**

　開放系で実験1〜3を行い，化学変化の前後で質量が変化する原因（または，変化しない原因）を考えさせます。実験1では気泡を観察することが可能で，気体の発生に容易に気づくことができるので，質量が減少した原因として気体の発生をあげることができます。実験2では，既習内容と関連づけ，反応前後で質量が増加した原因として結びついた酸素をあげることができます。実験3では，沈殿ができることや気泡がないことを観察できるので，質量が変化しない原因として，気体の出入りがないことをあげることができます。ただ，沈殿が生成する反応をはじめて経験する生徒も多く，反応が起こらなかったと判断する生徒もいます。水に溶けにくい物質が新たに生成したことに触れ，化学変化が起きたことを強調しましょう。

> **生徒の考察例**
> 実験1…泡が発生した。気体が発生したので，その分，質量が減少したと考えられる。
> 実験2…激しく燃えた。燃焼によって酸素が結びついたと推定できるため，その分，質量が増加したと考えられる。
> 実験3…白くにごり，沈殿ができたが泡は出ていなかった。気体は出たり入ったりしていないので，質量は変化しなかったと考えられる。

　実験1〜3を総合的にとらえさせ，反応前後の物質の質量についての考え方をまとめさせます。まず，個人の考えを記述させた後に，班内で交流させ，代表の生徒に班の考えを発表させます。その際，気体の出入りに注目させます。課題1に取り組むことで，生徒は「気体の出入りがある場合は物質の質量が増えたり減ったりするが，気体の出入りがなければ変わらないのではないか」という問いをもちます。ここから，「密閉した容器で気体が出ていかないようにしたら，どの化学変化でも反応の前後で質量が変わらないのではないか」という見通しをもたせたいところです。話し合いの中でその点に触れている班があった場合は積極的に発言させ，学級で共有しましょう。そのうえで課題2に取り組むと，生徒の目的意識も明確になります。

課題2 密閉容器内では，反応前後で全体の質量が変化するのか調べてみよう。

課題1で行った実験と同じ実験を閉鎖系で行います。

図1 実験4の装置

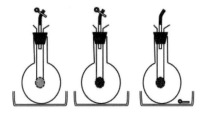

図2 実験5の装置

　実験4ではペットボトル内で炭酸水素ナトリウムと塩酸を反応させます（図1）。反応前後で質量は変化しませんが，ふたを開けると質量が減少します。実験5では丸底フラスコ内の酸素雰囲気下で電流を流し，スチールウールを燃焼させます（図2）。反応前後で質量は変化しませんが，ピンチコックを外すと質量が増加します。ここでは質量が変化しなかった原因と開放した後に質量が変化した原因の両方を考えさせます。課題1を通してある程度見通しをもっているので，気体の出入りに注目して記述することができます。開放すると気体が出ていく例と気体が入ってくる例の両方を経験させることは，理解を深めさせるうえで意義があります。

　最後に，「実験4と5を基に，化学変化の前後の質量について，統一的な考えをまとめなさい」と投げかけると，立ち止まる生徒が散見されました。

生徒A　「統一的」ってどういうことですか？
教　師　増えたり，減ったり，変わらなかったりと，いろいろな結果がありましたね。それらのことは，どんな考え方でまとめれば説明ができるかな？
生徒B　気体の出入りが関係するのでは？
教　師　気体の出入りに注目することは大切ですね。密閉した容器を使った意味も振り返ってみるといいですよ。
生徒C　要するに，全部の物質を合わせたら質量は変わらないっていうことかな？
教　師　大事なところに注目しているね。ていねいに記述してごらん。

　私たちが経験する化学変化は，反応前後で質量が増加したり，減少したり，変化しなかったりと多様です。まず，開放系の実験を通して，質量の変化が気体の出入りと関連していることに気づかせることが大切です。そのうえで，出入りする気体を含めて測定すれば，つまり反応にかかわる物質の総量を測定すれば反応前後で質量が変化しないのではないかという見通しを生徒自らにもたせ，そのことを閉鎖系の実験を通して検証します。　　　　　　　　（宮内　卓也）

第2分野	動物の生活と生物の変遷				動物の体のつくりと働き	

だ液の働きを調べる実験を，対照実験の観点から見直そう！

	調べる	発見する	体験する	話し合う	選ぶ	説明する	かかわり合う
習得・活用・探究という学習プロセスの中での，問題発見・解決を念頭に置いた深い学び	○		○				
他者との協働や外界との相互作用を通じて，自らの考えを広げ深める，対話的な学び				○			○
子供たちが見通しを持って粘り強く取り組み，自らの学習活動を振り返って次につなげる，主体的な学び						○	

1 授業のねらい

> デンプンが糖化する実験を行い，対照実験の観点から再実験の方法を考察する。

2 授業づくりのポイント

　だ液の働きを調べる実験は，目的が明確で試薬の呈色によって結果がわかりやすく，対照実験についても確認することができる，非常によい教材です。しかし，実験の途中経過を考えさせることや，デンプンを糖に変化させるのがだ液の働きであるかどうかを確かめる際に必要な対照実験を設定することについて課題がみられると指摘されています。また，だ液を扱うことに対する抵抗感から，意欲的に取り組みにくかったと振り返る生徒もいます。本時は，実験のマイクロスケール化をはかることで抵抗感の軽減と探究時間の確保をして，2時間扱いで対照実験について考えさせることで，生徒の科学的な思考力・表現力の育成を目指します。

3 学習指導案（2時間扱い）

時間	生徒の学習活動	教師の指導・支援
3分	1　小学校の学習を想起する。	
	課題　だ液によって，デンプンは何に変化するのだろうか。	
15分	2　手順を確認し，実験を行う。	・容器としてマイクロチューブを用い，綿棒で自身のだ液を採取して，実験を行わせる。 ・実験手順を提示し，デンプン溶液とだ液を反応させる実験のみを行わせる。
5分	3　実験結果を整理し，考察する。	
7分	4　「だ液によって，デンプンが糖に変化する」と結論づける問題点を考える。	・実施した実験からでは，結論づけることができないことを伝え，その問題点を考えさせる。 ・個人で考えさせる。 ・なかなか考えが深まらない生徒に対しては，「だ液によって」の部分が，実施した実験からだけでは言い切れないことを伝える。
20分	5　グループで，問題点は何か，問題点を解決するためにはどのような実験を行えばよいか話し合い，グループの考えをホワイトボードにまとめる。	・個人で考えたことを基に，グループで意見交換，話し合いを行わせる。 ・ホワイトボードにまとめる際は，他の生徒にわかりやすく説明することを頭に置き，図などを用いて，グループの考えが説得力のあるものになるようまとめさせる。
20分	6　グループの考えを発表する。	・聞いている生徒には発表されたものが対照実験として成立しているのかどうか，発表を聞きながら考えさせる。 ・比較したい条件は何か，その他の条件をそろえることはできているのか，という視点をもたせる。 ・他のグループの発表を聞いて，質問や意見があれば積極的に発言するようにさせる。
20分	7　課題に迫るための実験方法を確認し，より目的を明確にしたうえで，再実験を行う。	
5分	8　実験結果を整理し，考察する。	
5分	9　本時のまとめをする。	

第2章　アクティブ・ラーニングを位置づけた中学校理科の授業プラン

4 授業展開例

　小学校では，だ液によってデンプンが別のものに変化すること，だ液にはデンプンを変化さ
せる働きがあることを学習しています。本時は，まず小学校の学習を想起させて，課題を提示
します。

> **課題**　だ液によって，デンプンは何に変化するのだろうか。

　手順を確認し，実験を行います。ここでは，だ液を扱うことに対する抵抗感（だ液の採取や
他人のだ液を扱うことなど）の軽減と，実験時間の短縮を図るために，マイクロスケール化し
た実験を行います。また，後で対照実験の観点から実験を考える活動を行うため，あえて対照
実験を行わず，教師から実験手順を提示し，デンプン溶液とだ液を反応させる実験のみを行わ
せます。

> **実験手順**
> ①マイクロチューブにデンプン溶液を1.5mL 入れる。
> ②マイクロチューブを手で握りながら，だ液でしめらせた綿棒で2分間攪拌する。
> ③空のマイクロチューブに半分取り分け，一方を Ａ，もう一方を Ｂ とする。
> ④ Ａ にはヨウ素液を2滴加え，反応を確認する。
> ⑤ Ｂ にはベネジクト液を3滴加え，蓋をしっかり閉めて，沸騰した湯の中に入れ，反応
> 　を確認する。

　Ａ はヨウ素液が反応せず，黄色のまま変化がなかったこと，Ｂ はベネジクト液と反応し，
赤褐色沈殿を生じたことを確認し，課題の考察を行わせます。ここでは，ほとんどの生徒が何
の疑問ももたずに，「だ液によって，デンプンは糖に変化する」と考えます。

　そこで，実施した実験からだけでは，「だ液によって，デンプンは糖に変化する」とは結論
づけることができないことを伝え，その問題点について考えさせます。ここでは，次の場面で
グループでの話し合いを行うため，話し合いに向けて各自の考えを明確にさせる必要がありま
す。そのため，個人でじっくり考えさせることが大切です。ただし，なかなか考えるきっかけ
が見いだせない生徒に対しては，結論の中の「だ液によって」の部分が，実施した実験から
では言い切れないことを伝えるなど，机間指導を通して支援します。

個人で考えさせたら，グループで話し合いを行い，グループの考えをホワイトボードにまとめさせます。この際，他グループにわかりやすく説明することを頭に置き，グループの考えがより説得力のあるものになるように，図を用いるなどの工夫をさせます。

　ここまでを２時間扱いの１時間目に行います。

　２時間目は各グループの発表から始めます。いかにわかりやすく説明するかということも重要ですが，他グループの発表を聞き，質問や意見があれば積極的に発言し，全体で考えを練り上げていくことも大切であることを説明し，発表を行わせました。

生徒A　問題点は，今回行った実験だけでは本当に「だ液によって」デンプンが糖に変化したと言えないことです。
生徒B　デンプンが糖に変化したのが，だ液のはたらきであることを明らかにするためには，対照実験として水を用いた実験を行う必要があると思います。

生徒C　質問です。なぜ，水を用いた実験を行う必要があるのですか？　水を用いてしまうと，水についても調べなければいけなくなってしまって，対照実験ではないのではないですか？
生徒D　だ液を用いることと，水を用いること以外の条件はそろえて行うのだから，対照実験だと思います。
生徒B　Dさんが言ったように，対照実験として成立すると思います。また，水を用いるのは，水はデンプン溶液の溶媒としても使われているわけなので，デンプンを変化させることがないことが明らかだからです。
生徒E　私たちのグループでは，だ液を用いるパターンと，綿棒に何もつけない状態で行うパターンで，比較するのがよいと考えたけど，より条件をそろえるとしたら，水をつけた方がいいと思います。
生徒D　確かに，水を用いることで，「だ液によって」デンプンが変化することが明確になると思います。

　他にも「はじめからデンプンに糖が混ざっていたのではないか」などの考えが出され，それも実験で確認した方が課題に迫ることができるのではないかと考えが深まりました。
　その後，再実験を行い，実験結果を分析，解釈する活動を行いました。最後に，だ液のはたらきをまとめるとともに，対照実験の必要性についても確認しました。
　　　　　　　　　　　　　　　　　　　　　　　　　　　　　　　　　　　　（島田　直也）

| 第2分野 | 動物の生活と生物の変遷 | | 生物の変遷と進化 |

歯の比較から，爬虫類と哺乳類の違いを説明しよう！

	調べる	発見する	体験する	話し合う	選ぶ	説明する	かかわり合う
習得・活用・探究という学習プロセスの中での，問題発見・解決を念頭に置いた深い学び		●					
他者との協働や外界との相互作用を通じて，自らの考えを広げ深める，対話的な学び				●			●
子供たちが見通しを持って粘り強く取り組み，自らの学習活動を振り返って次につなげる，主体的な学び						●	

1 授業のねらい

> 歯を観察し，比較することによって，哺乳類と爬虫類の違いを説明する。

2 授業づくりのポイント

　生徒は前前時までに，脊椎動物の5グループ（鋼）の特徴を学習しています。そして前時には肉食哺乳類と草食哺乳類の頭骨を観察して食性の違いによる哺乳類の歯のつくりの違いを学習しました。

　そして本時では，発展として，草食哺乳類，肉食哺乳類，草食爬虫類，肉食爬虫類の歯を観察・比較し，そこからわかることを考察していきます。哺乳類の歯は肉食，草食の違いに応じて歯のつくりも著しく違っているのに対し，爬虫類の歯は哺乳類ほど発達しておらず肉食と草食で大きな違いがありません。このことが哺乳類，爬虫類の特徴や生活とどうかかわっているのかを，広い視野で考察できるようにしていきます。

3 学習指導案

時間	生徒の学習活動	教師の指導・支援
5分	1 前時の復習をする。	・前時のワークシートを参考にして，振り返りを行い，草食哺乳類と肉食哺乳類では歯のつくりに違いがあったことを思い出させる。
	課題1 イグアナ（草食）の歯（写真）とワニ（肉食）の歯を観察し，それぞれの特徴を簡単に記録しよう。	
10分	2 2種の動物の歯を観察して，個人で記録をとる。	・草食哺乳類，肉食哺乳類の歯の違いを意識しながら観察させる。
	課題2 哺乳類の歯と爬虫類の歯を比べて，それぞれの特徴の違いを説明しよう。	
10分	3 観察結果を基に，課題2を考える。	・哺乳類の歯と比べて，爬虫類の歯について，次のことを書かせる。 ①口の前と奥の歯を比べての違い。 ②草食のものと肉食のものの歯を比べての違い。
10分	4 考えたことを共有する。	・生徒が書いたことを発表させて，次のことをとらえさせる。 ①口の前の歯と奥の歯を比べると，哺乳類ほど大きな違いはなく尖った歯が並んでいる。 ②草食のものと肉食のものの歯を比べても，哺乳類ほど大きな違いは見られず，尖った歯が並んでいる。 ③全体的に爬虫類は哺乳類よりも歯が小さい。
	課題3 哺乳類と爬虫類の歯の違いは，食物の食べ方，体のつくり，生活のしかたなどとどのように関連するか説明しよう。	
5分	5 個人の考えをまとめて書く。	・考えが進まないときは，「草食哺乳類と草食爬虫類では，食べ方はどう違うか」「消化のスピードはどう違うか」などのヒントを与える。
10分	6 考えたことを共有し，発展させる。	・生徒とのやりとりの中で，歯の発達と消化の速さ，エネルギー消費量，動きの速さ，恒温動物であることとの関連まで話を発展させる。

4 授業展開例

　草食哺乳類の歯と肉食哺乳類の歯の違いは，中学校の理科で一般的に扱われる学習内容です。今回も，前時にウマの頭骨標本，ネコの頭骨標本，ライオンの顎の骨のレプリカを用いて，哺乳類の食性と歯のつくりの関係を学習させています。

　本時はその発展として，哺乳類の歯と爬虫類の歯を比較して，どんなことがわかるかを考えさせます。

　まず，本時のはじめに，前時に行ったウマの歯とライオンの歯の観察を振り返って，それぞれの特徴を書かせます。ウマの頭骨標本，ライオンの顎のレプリカは生徒が再び見られるように教室に置いておきます。

> **課題1**　イグアナ（草食）の歯（写真）とワニ（肉食）の歯を観察し，それぞれの特徴を簡単に記録しよう。

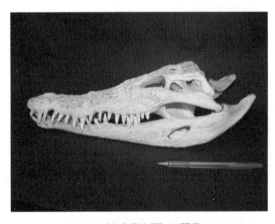
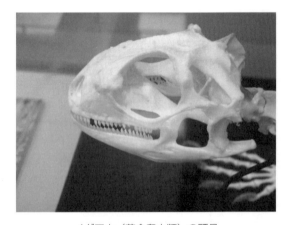

　　　　ワニ（肉食爬虫類）の頭骨　　　　　　　　　　イグアナ（草食爬虫類）の頭骨

　ワニの頭骨は2組あるので，上顎と下顎を別々の机に置き（計4か所）なるべく生徒が分散するようにしました。イグアナの頭骨の実物は入手が困難だったので，国立科学博物館所蔵のものの写真を撮らせていただき，その写真をプロジェクターでスクリーンに投影して生徒に提示しました。

　イグアナの歯とワニの歯それぞれの特徴を，絵と字で簡単に記録させました。

> **課題2**　哺乳類の歯と爬虫類の歯を比べて，それぞれの特徴の違いを説明しよう。

はじめ，何を書いてよいか戸惑っている生徒が多くいました。再び頭骨を見に行く生徒の姿も見られました。

そこで，「①口の前と奥の歯を比べての違い」「②草食のものと肉食のものの歯を比べての違い」を順を追って考えさせたところ，下の結論にたどりつきました。

①哺乳類は前歯と奥歯の形がかなり違うが，爬虫類は前歯も奥歯も尖っていて，あまり違いがない。

②哺乳類は肉食，草食それぞれで食べ物に適した歯のつくりをしているが，爬虫類では草食も肉食もとがった歯が並んでいて大きな違いがない。

課題3　哺乳類と爬虫類の歯の違いは，食物の食べ方，体のつくり，生活のしかたなどとどのように関連するか説明しよう。

生徒だけではあまり考えが進まなかったので，次のような教師とのやりとりの中で，論点を整理しながら考えを進めていきました。

教　師　ウマとイグアナでは，草の食べ方はどう違うかな？

生徒A　ウマは前歯で草を噛み切って，奥歯ですりつぶして食べると思います。
　　　　　イグアナはどの歯も小さく尖っているのですりつぶすことはできないと思います。

教　師　そうすると，消化の速さはどう違うと思う？

生徒A　哺乳類の方がずっと速いと思います。

教　師　では，爬虫類と哺乳類の生活にどんな違いが出てくるか，いろいろ考えてみよう。

生徒B　消化が速ければ，エネルギーをどんどん使えるので，素早く動けるんじゃないかな？
　　　　　この前観察したとき，ネズミはとても動きが速かった。

この後，結論は与えず，一人ひとりにワークシートを書かせて提出させました。

それを見ると，爬虫類と哺乳類の歯の違いはほとんどの生徒が記述できていました。哺乳類は，歯が発達し，草食動物では食物をすりつぶして食べられるので，消化が速くなり，エネルギーをたくさん使うことができることは多くの生徒が記述していました。しかし，そのことと恒温動物になったことを結びつけて考えられた生徒は少なかったので，次時でヒントを与え，哺乳類の歯のつくりと恒温動物になったこととも関係のあることを導き出しました。

（岡田　仁）

第2分野	気象とその変化	日本の気象

天気のことわざを説明しよう！

	調べる	発見する	体験する	話し合う	選ぶ	説明する	かかわり合う
習得・活用・探究という学習プロセスの中での，問題発見・解決を念頭に置いた深い学び	●	●					
他者との協働や外界との相互作用を通じて，自らの考えを広げ深める，対話的な学び				●			●
子供たちが見通しを持って粘り強く取り組み，自らの学習活動を振り返って次につなげる，主体的な学び						●	

1 授業のねらい

> 天気のことわざを科学的な根拠に基づいて論理的に説明する。

2 授業づくりのポイント

　本単元では，日本の天気の特徴を気団と関連づけてとらえさせるとともに，日本付近の大気の動きや海洋の影響に関連づけてとらえさせ，日本の気象について時間的・空間的な視点で理解を深めさせることが大切です。

　生徒は，前時までに，本単元の学習内容をひと通り終えています。本時の課題は，単元末に行うパフォーマンス課題として位置づけられます。科学的な概念を使用して考えたり説明したりする学習活動として，習得した知識を活用させて科学的な思考力・表現力の育成を目指すとともに，学びに向かう力やメタ認知等，情意・態度面の形成を図ることもねらいとしています。

3 学習指導案

時間	生徒の学習活動	教師の指導・支援
5分	1 課題を把握する。	
	課題 気象予報士になったつもりで，「天気のことわざ」を解説しよう。	
		・日常生活に関連づけて，事象をとらえさせる。 ・目的達成への見通しをもたせるために，主体的かつ協働的な学びを促したり，足場かけを行ったりする。 ・グループで協力して課題に取り組み，全員が理解し説明できるようになることが目標であることを伝える。
5分	2 個人で使えそうな知識を整理する。	・話し合い活動を活性化させるために，個人の考えを明確にさせておく。
30分	3 グループで話し合い，グループの考えをホワイトボードにまとめる。	・「なぜ？」「どのように？」という疑問を生徒に投げかけ，より深く思考させる。 ・ホワイトボードを使ってグループの思考を可視化させる。 ・習得した科学的な概念や用語を使用させる。 ・科学的な根拠を基に，論理的に説明させる。 ・文章を基に，絵や図を用いて，論理的でわかりやすい説明になるよう工夫させる。
10分	4 グループでまとめた考えについて，科学的な概念や根拠を基にした話し合いや発表，討論をする。他者から説明された内容や他者から受けた質問等を要約する。	・多くの生徒に，発表と相互評価する場を与える。 ・他者の発表を聞く中で，わからないところや納得のいかないところがあれば必ず質問させるようにする。

第2章　アクティブ・ラーニングを位置づけた中学校理科の授業プラン

4 授業展開例

　授業の冒頭に，これまでに学習した知識を活用して，本時の課題に取り組むことを伝えます。また，グループで協力して課題に取り組み，グループの全員が理解し説明できるようになることが目標であることを伝えます。

　そして，本時の課題を提示します。「天気のことわざ」という，日常生活と結びついた課題を設定することで，生徒の主体的な学びを促します。

> **課題**　気象予報士になったつもりで，「天気のことわざ」を解説しよう。

　実際の授業では，1学級を11のグループに分けて活動させました。次のように，それぞれのグループに冬のことわざを1つ，春もしくは秋のことわざを1つ，合計2つの課題を意図的に与えました。

1班	【冬】西方の鐘がよく聞こえる時は晴れ	【秋】夕焼けは晴れ
2班	【冬】西方の鐘がよく聞こえる時は晴れ	【秋】煙が西にたなびけば雨
3班	【冬】西方の鐘がよく聞こえる時は晴れ	【春】東風が吹くと雨
4班	【冬】西方の鐘がよく聞こえる時は晴れ	【秋】煙が西にたなびけば雨
5班	【冬】西方の鐘がよく聞こえる時は晴れ	【春】帯状すじ雲が出たら雨
6班	【冬】西方の鐘がよく聞こえる時は晴れ	【春】東風が吹くと雨
7班	【冬】すじ雲東へ進めば晴れ続く	【春】帯状すじ雲が出たら雨
8班	【冬】すじ雲東へ進めば晴れ続く	【春】東風が吹くと雨
9班	【冬】すじ雲東へ進めば晴れ続く	【春】帯状すじ雲が出たら雨
10班	【冬】すじ雲東へ進めば晴れ続く	【秋】夕焼けは晴れ
11班	【冬】すじ雲東へ進めば晴れ続く	【秋】煙が西にたなびけば雨

　まずは，課題を解決するために必要な知識を個人で整理させます。話し合い活動を行う前に個人の考えを整理させることは，話し合いを活性化させるために必須です。

　次に，グループで話し合い，グループの考えをホワイトボードにまとめさせます。机間指導では，「なぜ？」「どのように？」という疑問を生徒に投げかけ，深く思考させるように促すことが大切です。

グループでまとめた考えについて，科学的な概念や根拠を基にした話し合いや発表，討論をする場面では，多くの生徒に発表と相互評価の機会を与えることが大切です。実際の授業では，くじ引きを行い，グループのうちの1人が別のグループに移動して発表を行いました。これで，合計11名の生徒が一斉に発表を行うことになります。その際，理解が進んでいるグループと理解が乏しいグループで相互評価させる，同じ内容の課題を扱っている班同士で相互評価させるなど，教師の意図的な働きかけも必要です。

　ここでは，春のことわざ「東風が吹くと雨」について考えたグループと，秋のことわざ「煙が西にたなびけば雨」について考えたグループの相互評価の様子を紹介します。

生徒A　「東風が吹くと雨」という春の天気のことわざを説明します（写真1）。春の天気の特徴は，移動性高気圧と温帯低気圧が交互に通過する…（以下略）。
生徒B　あれ，私たちが考えた秋のことわざ「煙が西にたなびけば雨」（写真2）と説明が似てるなぁ…。
生徒C　似てるというか，ほとんど同じだよ。
生徒B　あっ，そうか。春と秋の天気の特徴は似てるからだ。
生徒C　ということは，秋のことわざは春でも使えるんじゃない？

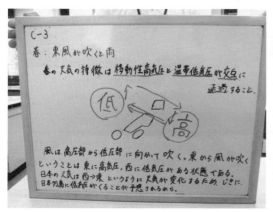 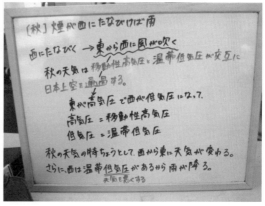

写真1　「東風が吹くと雨（春）」の記述例　　写真2　「煙が西にたなびけば雨（秋）」の記述例

　このグループは，他のグループとの相互評価を通して，春と秋の天気の特徴を関連づけてとらえ，より一層理解を深めることができました。

　次時では，前時にホワイトボードにまとめて発表した内容や他者からもらった意見等を振り返る学習活動を通して，自らの考えをワークシートに論述させ，科学的な概念を再構築していきます。このように，最終的には個人の活動として一連の学習活動を振り返らせ，自分のものにさせることが大切です。

（井上　祐介）

第2分野	気象とその変化		日本の気象

気象予報士になったつもりで天気を予報しよう！

	調べる	発見する	体験する	話し合う	選ぶ	説明する	かかわり合う
習得・活用・探究という学習プロセスの中での，問題発見・解決を念頭に置いた深い学び	●	●					
他者との協働や外界との相互作用を通じて，自らの考えを広げ深める，対話的な学び				●			●
子供たちが見通しを持って粘り強く取り組み，自らの学習活動を振り返って次につなげる，主体的な学び						●	

1 授業のねらい

「気象とその変化」で学習した天気の知識を活用して天気図を分析し，翌日の天気を予報する。

2 授業づくりのポイント

　この授業は，単元「気象とその変化」の学習を終了した後に，2人または3人1組のグループで行います。前時では，既習事項のまとめとそれに基づいて配付した3日間の連続した天気図，雲画像から，天気・気温変化・風向・風力等の天気概況を分析させました。

　本時は，前時に分析した，連続した3日間の天気図・雲画像と分析結果を基に，4日目の日本の天気を予報，発表させました。その際，実際の気象予報士のように実生活に基づいたアドバイスを必ず入れることとしました。このことにより，天気予報は中学校の理科で学習した知識を活用し根拠に基づいて説明できるほど身近なものであることに気づかせます。

3 学習指導案

時間	生徒の学習活動	教師の指導・支援
5分	1 天気予報を視聴する。 2 本時の課題（1，2）を知る。	・天気予報を視聴させ，「気がついたこと」「天気予報から知りたいこと」について発問する。
	課題1 気象予報士になったつもりで，連続した3日間の天気図の翌日（4日目）の日本付近の天気を予報しよう。	
30分	3 前時に分析した，連続した3日間の天気図・雲画像と分析結果を基に4日目の日本の天気を予報する。 4 気象予報士になったつもりで「一言アドバイス」の内容を考える。 ・時間があれば，必要に応じて発表に使う簡単な小道具をつくる。	・グループ構成は2〜3人とし，個人で考えた後に話し合わせるようにする。 ・これまで学習したことを活用し，根拠に基づいて予報するように促す。 ・わからないことや疑問に思ったことがあれば必ず質問させるようにする。 ・4は話し合いを終えた後，グループで考えさせる。 ・小道具は，画用紙にペン，はさみを用いて作成できる簡単なもののみつくってもよいこととする。 　例　天気マーク（晴れ，雨，くもり），前線の記号，低，高など ・小道具をつくるために必要な道具は，あらかじめ教卓に準備しておく。
	課題2 3日目の天気概況と4日目の天気予報を発表しよう。	
10分	5 3日目の天気図をプロジェクタと実物投影機を使用して，スクリーンに映したうえで発表を行う。 ・小道具を作製したグループは，それを使用して発表する。 ・聞いている生徒は発表評価表を記入する。	・声の大きさ，立ち位置など，わかりやすく発表するための工夫を促す。 ・他のグループの発表を聞き，よい点，質問したいことなどをまとめさせる。 ・時間があれば質問の時間をとる。
5分	6 自分たちが予想した日の実際の天気概況を確認し，自分たちの予報と合っているところ，外れたところを確認し，予報の振り返りを行う。	・実際の天気概況は，画面に映すなどして簡単に全体で確認できるようにする。

第2章　アクティブ・ラーニングを位置づけた中学校理科の授業プラン

4 授業展開例

　前時は，単元のまとめとして，低気圧や高気圧，前線の性質，日本の天気の特徴などの既習事項を簡単にまとめることから始めました。まずは，自分の力で問題を解き，わからないところはグループで協力して解いて，天気図の分析に必要な情報を互いに共有しました。

　そのうえで，各グループに３日間の連続した天気図と雲画像を配付し，天気の特徴や移り変わりについて分析しました。天気図と雲画像は，教師が春・夏・秋・冬の特徴的なものを選定し，その中からそれぞれのグループに選んでもらいました。分析は，はじめに個人で考え，その後グループで共有し，まとめました。以下は，あるグループによる分析結果です。

- ・１日目は，日本列島を寒冷前線が通り過ぎたため，気温は下がり，北側は雨，南側は晴れ。
- ・２日目は，高気圧におおわれているため晴れ。
- ・３日目は，日本海側は寒冷前線は近づくため，激しい雨。太平洋側は高気圧があるため晴れ。

　グループで分析が終わったら，教師に報告させ，実際の天気概況が書いてあるプリントを渡しました。そして，自分たちの分析結果と違う点を訂正させたり，付け加えをさせたりしました。

　本時では，まずテレビで放映された実際の天気予報の映像を視聴し，根拠に基づいて予報していることや視聴者に必要な情報をわかりやすく伝えていることを確認し，課題１に入りました。

課題１　気象予報士になったつもりで，連続した３日間の天気図の翌日（４日目）の日本付近の天気を予報しよう。

　まず，個人で予報させた後，グループ内で予報を共有させました。その際，予報が根拠に基づいたものとなっているかをお互いに確認しながら意見交換をさせ，天気予報を完成させました。

　続いて，天気予報に付け加える「一言アドバイス」をグループで考えさせました。例えば，晴天で乾燥することが予想されるなら「洗濯物は外に干しても大丈夫です」といった一文です。これを考えることで，気象の変化が日常生活に与える影響にも考えが及び，現在学習している内容の有用性をより深く実感させられると考えたからです。

課題１は30分と時間を決めて取り組みましたが，時間に余裕があるグループには，発表に使用する天気マークなどの小道具をつくらせました。

生徒A　３日目の天気図では，九州から四国にかけて温暖前線がかかっているけれど，４日目には東に移動していくよね。どのくらい移動するのかな？
生徒B　２日目の天気図の前線の位置からどれくらい移動するかわかりそうだね。
生徒A　じゃあ，関東地方までは移動しそうだね。
生徒B　そうすると４日目の関東地方は一日中穏やかな雨が降り続くんじゃないかな？
生徒A　気温はどうだろう。授業では温暖前線が通過した後は暖気に覆われるから気温が上がるって習ったよね。
生徒B　じゃあ，東日本の太平洋側は前の日よりも暖かいのかな？

　このように，これまでに学習したことを活用して予報を進めていきました。

| 課題２　３日目の天気概況と４日目の天気予報を発表しよう。 |

　天気予報の発表は，前時に考察した３日目の天気概況と４日目の天気予報をあわせて行わせました。そうすることで，予報の根拠が明確になるからです。聞いている生徒には，評価表を書かせました。

　以下はあるグループの天気予報です。

> 　今日は北海道上空にあった低気圧が通過したため，北海道は天気が回復しました。また，九州上空を温暖前線が通過し，西日本には広い範囲で雲ができました。そのため，弱い雨が降り続きました。
> 　明日は，九州上空にあった低気圧が東へ移動し，西日本は寒冷前線が通過するため，激しい雨となりそうです。気温は前日より下がるでしょう。一方，東日本は温暖前線が通過するため，一日中雨が続くでしょう。<u>西日本に住んでいる人は，暖かいコートを着て，大きめの傘を持って出かけましょう。</u>

　最後に，教師が実際の天気概況を発表し，天気予報が実際の概況にどの程度近づくことができたかを確認しました。

（内藤　理恵）

第1分野	電流とその利用	電流

静電気の性質を調べよう！

	調べる	発見する	体験する	話し合う	選ぶ	説明する	かかわり合う
習得・活用・探究という学習プロセスの中での，問題発見・解決を念頭に置いた深い学び	○	○	○				
他者との協働や外界との相互作用を通じて，自らの考えを広げ深める，対話的な学び				○			○
子供たちが見通しを持って粘り強く取り組み，自らの学習活動を振り返って次につなげる，主体的な学び						○	

1 授業のねらい

> 静電気を帯びた物体同士に力が働くことを説明する。

2 授業づくりのポイント

　生徒は，小学校で電気の通り道，電気の働き，電流の働き，電気の利用など，電気に関する学習をそれぞれの学年で行っています。また，磁石が空間を越えて物質を引きつけることなども体験的に学習しています。

　一方，電気は非常に身近で，日常的に使われているものの，その実体が何なのかということを自ら見つけることは難しいものです。物体が帯電して物質同士が引きつけ合う現象を，人々ははるか昔から知っていましたが，これが雷と同様の電気にかかわる現象だということがわかるまでとても長い時間がかかりました。そこで，静電気，ライデン瓶，電池そしてその後のエネルギーとしての活用までの歴史的な流れも示唆しながら学習を進めます。

3 学習指導案

時間	生徒の学習活動	教師の指導・支援
3分	1 静電気はどうすると生じるか考える。	・意見が出なければ「下敷きで頭をこするとどうなるかな？」「セーターを脱ぐときどんなことが起こるかな？」などと発問する。 ・静電気とは何なのか学習することを伝える。
	課題1 静電気によって起こる現象や身近に使われている例をあげよう。	
8分	2 まず個人で考える。次に実験班（4名）で考えを共有する。	・個人で考えるときはプリントに記入させる。 ・班で話し合った意見も鉛筆で追加して記入させる。
5分	3 実験班で発表したことを全体に発表する。	・実験班での意見を発表させる。他の班の意見で自分たちが気づいていかなかったものは，キーワードを赤で追記させる。 ・「課題1の答えから，静電気はどんな性質をもつと考えられるかな？」と発問する。
	課題2 静電気の力を調べよう。	
12分	4 2本のストローをティッシュペーパーでこすり，ストロー同士，ストローとティッシュペーパーを近づけたときの様子を調べる。	・2本のストローのうち1本は自在に動くように，糸と洗濯ばさみでつるすなどする。 ・ティッシュペーパーへは引き寄せられ，ストロー同士は反発する。
8分	5 実験結果から，静電気の力とは何かを考察する。	・個人で考察し記録させる。その後，班で意見を集約してミニホワイトボードに記入させ，黒板に貼らせる。 ・「静電気には反発する力と引きつけ合う力があるとわかった」「磁石みたいに離れても働く力だとわかった」などの意見が予想される。
5分	6 各班の考察を確認する。	・教師が各班の考察について「引力」「斥力」「磁石」など大切なワードなどを強調していく。
9分	7 静電気の性質についてまとめる。	・他の生徒の意見を聞いて考察を書き直すのであれば書き直させる。 ・静電気が反発し合ったり，引きつけ合ったりするのは磁石のN極S極の様子と似ていることを話しておき，次回の電子の偏りによる帯電の話につなげる。

4 授業展開例

　導入として，生徒の静電気に対する日常の経験を思い出させるための質問をします。静電気はどうすると生じるかというのはすぐに答えられる生徒が多く，たいてい「ものをこすると起こる」と答えます。出ないときも「下敷きで頭をこすると起こる」「セーターを脱ぐときに起こる」など具体例をあげるとすぐにイメージできます。また，「冬の方が起きやすいね」などと言っておくと，水蒸気量が多いと静電気が逃げていく話にもつなげられます。

　イメージが広がったところで，課題1を提示します。

課題1　静電気によって起こる現象や身近に使われている例をあげよう。

生徒があげた例
- スポーツウェアが体に張りつく様子
- 静電気発生装置（バンデグラフ）に触っている人の髪の毛が逆立つ様子
- ドアノブを触ってしびれる様子
- 自然界で起こる雷
- スマートフォンのタッチパネル　　　など

　最初は一人ひとりで考えさせますが，中には自力で考えられない生徒もいるので，班で協力することで具体的なイメージに近づけ，そこで気がついたものも追記するように促します。

　次に，班で考えたことを発表させます。班によって同じ例が出ることもありますが，普段から班で考えたことを学級全体に向けて発表させるようにして，他の班が気づかないようなことを出そうとする姿勢を育てておくことは大切です。

　教師は，言葉が足りないものや少し外れるような意見も修正しながら受け入れていきます。例えば，「電気ウナギ」は静電気とは関連がありませんが，電気が何かを解明していくうえで，動物と電気の関係も実は大切な要素だったことを踏まえて話を拡げることができます（イタリアのガルヴァーニは1771年に2種類の金属をカエルの脚に接触させると死んだカエルの筋肉が痙攣することを発見し，このことがヴォルタの電池の実験につながっています）。科学の発見は突拍子もない発想から生まれることが多いので，自由な発想を育てる授業づくりをしていきたいものです。

　他の班の発表で自分たちが気づいていかなかったものは，キーワードを赤字でプリントに追

記させるようにします。

課題2　静電気の力を調べよう。

　ここでは，実験をやる前に目的意識をもたせることが非常に大切になります。

教　師　さあ，ここまで静電気について身近な現象などを考えてきたけれど，静電気の正体って
　　　　　なんだろうね？
生徒A　電気だと思います。
教　師　電気と静電気は同じものなの？
生徒B　静電気と電気は違う気がします。静電気で電化製品を動かすことはできないだろうし。
生徒A　でも，静電気でたまに見られる火花と，電気がショートしたときの火花とか似ている
　　　　　から，何か関係があるんじゃないかな？
教　師　とてもいい気づきができているね。じゃあ，静電気にはどんな性質があるのか実験で
　　　　　調べていこう。

　生徒から意見が出ない場合でも，実験前に静電気の正体について考えさせ，「電気と静電気
は名前が似ているね」「静電気は『摩擦電気』なんて呼ばれることもあるんだよ」などと興味
を広げて実験に入りたいところです。
　ここでは，2本のストローをティッシュペーパーでこすり，ストロー同士，ストローとティ
ッシュペーパーを近づけたときの様子をそれぞれ調べます。実験自体は簡単なもので，装置が
あらかじめできていれば，5分程度で結果が確認できます。考察を踏まえての追実験もしやす
く，他の物質で似たようなことをやろうと考える生徒も見られます。
　個人で考察したことは班で集約し，ミニホワイトボードに記入して黒板に貼らせます。短い
時間でも意見を共有していくことが大切です。
　まとめでは，「引きつけ合う力」「退ける力」などキーワードを強調し，次回につなげていき
ます。

5 評価について

　授業で使ったプリントに考えたことがしっかり記録されているかどうかで評価します。また
赤で追記ができているか，自分なりのメモがとれているかなども確認し，主体的な学びができ
ているかどうかを評価していきます。

（村越　　悟）

第1分野	電流とその利用			電流		

複雑な回路の電流について考えよう！

	調べる	発見する	体験する	話し合う	選ぶ	説明する	かかわり合う
習得・活用・探究という学習プロセスの中での，問題発見・解決を念頭に置いた深い学び	●	●					
他者との協働や外界との相互作用を通じて，自らの考えを広げ深める，対話的な学び				●			●
子供たちが見通しを持って粘り強く取り組み，自らの学習活動を振り返って次につなげる，主体的な学び						●	

1 授業のねらい

> 電流の学習のまとめとして，より複雑な回路をつくって実験し，考察する。

2 授業づくりのポイント

　まず，本時の実験についての説明を行い，その実験結果について，今までに学んだことを活用して個人で仮説を立てさせます。その後，班ごとに話し合いを行って仮説を修正し，実験に取り組ませます。こうすることで実験の目的が明確化し，どこに着目しながら実験を行えばよいのかがわかります。

　実験は班で協力して行い，実験結果を考察して，その結果を説明するためのモデルを班ごとに話し合います。電流と電圧においては「水流モデル」あるいはそれに準ずるモデルを用いて現象を説明できることを前時までに実験により導いてきたことから，本時においても矛盾なくそれが説明できることを確認します。

3 学習指導案

時間	生徒の学習活動	教師の指導・支援
3分	1　本時の目的を把握する。	・ワークシートを配布し，そこに記載されている学習の目的を確認させることで，生徒が主体的に学習活動を行えるようにする。
	課題1　実験の仮説を立てよう。	
4分	2　個人で仮説を立てる。	・個人でしっかり考えるように促す。まわりと相談せず自分一人でじっくりと考えるよう指導する。
5分	3　個人で立てた仮説について，実験班で討議する。	・机間指導を行い，話し合いがうまくいかない実験班に適宜助言する。
6分	4　仮説を学級内で討議し，情報を共有する。	・できるだけ出た仮説をすべて黒板に残す。 ・どの仮説を支持するか，最後に人数を数えておき，発表者のプレゼンテーションスキルの評価を行えるようにする。
	課題2　仮説を実験によって検証しよう。	
10分	5　実験班で協力しながら，電流の仮説検証実験を行う。	・机間指導をしながら，実験に参加できていない生徒がいないかを確認する。 ・早く実験が終わった実験班に対しては，個人での考察や，プレゼンテーションの練習を行うように助言する。
	課題3　実験結果について考察し，全体で討議・共有しよう。	
8分	6　電流についての実験結果を仮説と比較するなどして，個人で結果を考察する。	・自分の考察が相手に正しく伝わるように，どのように話すか考えておくように助言する。 ・多少の数値の差は誤差としてよいことを伝える。
6分	7　考察について実験班内で討議する。時間があれば，学級全体で共有する。	・実験結果がわかりやすく，全体共有にふさわしい班を机間指導中に探しておく。
8分	8　本時の学習を振り返る。	・水流モデル等について再度説明し，モデル化することで複雑な科学現象も実験前からある程度予想が立てられることを伝える。 ・配布したワークシートに本時の結論と感想をまとめさせ，次回の電圧の実験について少し考えさせておく。

4 授業展開例

　前時までに，直列回路・並列回路と電流，直列回路・並列回路と電圧のそれぞれの関係を実験によって確かめ，それらについての理論もまとめておきます。まとめの際には，水流モデルのような「モデル化」を行っておき，現象をモデルにより説明できるようにします。

　本時では，既習事項を活用して，複雑な回路の電流がどのような関係になっているか仮説を立てます。そのうえで，電流計を正しく用いて仮説を実験によって検証し，水流モデル等のモデルを用いて理解を深めさせます。なお，本時は電流のみを扱い，次時で電圧について扱います。以下は，前時までに学んでいる内容です。

---

①電流の単位と電流計の使い方
②直列回路・並列回路における各抵抗を流れる電流の関係
③電圧の単位と電圧計の使い方
④直列回路・並列回路における各抵抗にかかる電圧の関係
⑤回路における電流・電圧について水流モデルのような「モデル化」により説明すること

　本時は，根拠のない予想をするのではなく，今までに学んだことを活用して仮説を立ててから検証実験を行うようにしました。これにより，今後の実験において，結果からわかったことを考察とするのではなく，結果から何を考えたかということを考察とすることが基本であり，それによって応用につながることを実感させることができます。

　本時は，回路の中の抵抗を流れる電流とかかる電圧が「モデル化」によって説明できたことを復習してから課題1に入りました。

課題1　実験の仮説を立てよう。

　まず，個人で前時までに行った実験の結果や実験モデルを活用して仮説を立てさせます。仮説は，ワークシートに思いつくだけ関係式を書かせました。今回の課題は，直感的にわかりやすいので，数式を苦手とする生徒も比較的容易に書くことができます。この経験が，いわゆる数式アレルギーを少しだけ緩和させてくれる効果もあります。

　その後実験班で仮説を確認し，自分の考えつかなかった関係式があればそれを記入させます。ワークシートは，次ページのように，自分の考えを書く「個人」の欄，実験班で追加したり修正したりしたものを書く「実験班」の欄，学級全体で共有しさらに追加・修正があった際に書く「クラス」の欄を別々に設け，自分の考えの変遷が見てわかるようにしました。

課題2　仮説を実験によって検証しよう。

　実験はすべての仮説が検証できるように順を追って行い，結果には単純に得られた電流値を書き込ませます。6パターンもありますが，前時までに電流計の使い方を学んだこともあり，スムーズに測定することができました。

課題3　実験結果について考察し，全体で討議・共有しよう。

　数アンペアの差は誤差と考えてよいこととし，まず個人で仮説の関係式を検証させます。その後，実験班で考察を確認して，自分の考えと異なる考察については議論を交わすように促しました。考察においても，ワークシートは「個人」「実験班」「クラス」の欄を別々にして，自分の考えの変遷が見てわかるようにします。また，学級全体で共有する時間が足りなかった場合は，実験班内での共有にとどめます。

　最後に，水流モデル等について再度説明し，既知の現象をモデル化することで未知の現象について実験前からある程度予想が立てられること，今後実験の考察やまとめと結論を書く際にはモデル化できるものはモデル化を目指してほしいことを伝えました。また，この考え方が実際の科学の現場で「〇〇説」「〇〇モデル」のように使用されていることも伝えました。生徒の目は輝き，次時の実験に待ち遠しさを感じていました。

（大西　琢也）

| 第1分野 | 化学変化とイオン | 水溶液とイオン |

より強い化学電池をつくろう！

	調べる	発見する	体験する	話し合う	選ぶ	説明する	かかわり合う
習得・活用・探究という学習プロセスの中での，問題発見・解決を念頭に置いた深い学び	●	●	●				
他者との協働や外界との相互作用を通じて，自らの考えを広げ深める，対話的な学び				●			●
子供たちが見通しを持って粘り強く取り組み，自らの学習活動を振り返って次につなげる，主体的な学び						●	

1 授業のねらい

化学電池の実験を行い，より大きな電流を取り出す条件を考察する。

2 授業づくりのポイント

　生徒は，2年までに回路を流れる電流の正体が電子であることを学習しています。また，前時までに亜鉛板と銅板を使った電池や，備長炭電池をつくる実験を通して，化学変化により電気を取り出せることを学習しました。

　そして，本時はさらに大きな電気を取り出す方法について考えさせます。学習形態としてグループ活動を取り入れ，電池から取り出される電流に影響を与えるものを調べる実験を行います。亜鉛板と銅板の重なっている面積を変えると，取り出せる電流の大きさが変化することから，大きな電気を取り出せる電池のつくりについて，グループで話し合い考察をまとめることで，考えを深めさせます。

3 学習指導案

時間	生徒の学習活動	教師の指導・支援
5分	1 前時の復習をする。	・前時に行った亜鉛板と銅板を使った電池や備長炭電池の実験から，物質がもっている化学エネルギーを化学変化によって電気エネルギーとして取り出す装置が電池であることを振り返らせる。
	課題1 亜鉛板と銅板で，重なりの面積を変えて電流を取り出す実験を行おう。	
10分	2 実験の方法についての説明を聞き，どのように条件を変えて実験を行うのか理解する。	・実験の方法を説明し，比較する実験の条件について伝える。 ・亜鉛板と銅板の間に薄い塩酸を浸したろ紙を挟み，密着させて，取り出せる電流と電圧の値をデジタルマルチメーターで測定する，あるいは太陽電池用プロペラモーターの回転の様子を調べることを伝える。
15分	3 亜鉛板と銅板の重なりの条件を変えて実験を行い。取り出せる電流の大きさに違いがあることを知る。 実験の結果を発表することで，規則性に気づく。	・デジタルマルチメーターを用いる場合は，電圧と電流の数値を記録させ，すべてのグループで電圧には大きな変化がないが，電流が大きく変化していることを気づかせる。太陽電池用プロペラモーターを用いる場合は，回転の様子について規則性があることを発表から気づかせる。
	課題2 化学変化と関連させて，大きな電流を取り出すことができる理由を考えよう。	
10分	4 なぜ，亜鉛板と銅板の重なりが大きいほど大きな電流を取り出すことができるのか，その理由をグループで話し合う。	・2種類の金属の重なりが大きくなると，なぜ電流の値が大きくなるのか，あるいはプロペラモーターの回転が速くなるのか，化学変化と関連させてグループで話し合わせる。
	課題3 化学変化と関連させて，実験からわかったことを説明しよう。	
10分	5 全体で考えを共有する。	・課題3について代表のグループから発表させる。発表を聞く中で，他の考え方がある場合には，発表させる。
	6 本時の学習を振り返る。	・亜鉛板から亜鉛が陽イオンと溶け出すときに電子が生じ，この電子が導線中を銅板に向かう。これが電流でより多くの亜鉛が溶け出す条件とすることで大きな電流を取り出すことができることを伝える。

第2章　アクティブ・ラーニングを位置づけた中学校理科の授業プラン

4 授業展開例

　前時に，2年時に学習した内容を思い出させるために，すべての物質が原子でできていて，原子の中には電子があり，金属では一部の電子が自由に動き回っていること，電流が電子の流れであること，電流の流れには向きがあることを確認しました。

　また前時には，亜鉛やアルミニウムなどの金属が，水溶液中に陽イオンになって溶け出す化学変化により，電子が負極に生じることを学習しました。

　本時は，今までのことを全体で復習し，課題1に入りました。

> **課題1**　亜鉛板と銅板で，重なりの面積を変えて電流を取り出す実験を行おう。

　まず，実験の方法について教師が説明します。

> ①亜鉛板の上にろ紙を置き，うすい塩酸でろ紙をしめらせ，その上に銅板を置き，上から押す。
> ②写真のように，重なっている面積が大きいものと，小さいものでデジタルマルチメーターの電極を押し当てるようにして電流と電圧を測定する。あるいは，太陽電池用プロペラモーターを用いて回転の様子を比較する。
>
>
>
> 亜鉛板と銅板の重なりの面積が小さいとき　　　亜鉛板と銅板の重なりの面積が大きいとき

　続いて，すべてのグループの実験結果を板書により発表させ，結果の規則性について気づいたことを発表させます。なぜ，重なりの面積が大きいとき，電圧は変化しないのに電流が大きくなっているという規則性が見いだされるのか，グループの話し合いで考察させます。

	1	2	3	4	5	6	7	8	9	10
重なり大 電圧	0.869V	0.82V	0.887V	0.84V	0.83V	0.878V	0.875V	0.89V	0.86V	0.86V
電流	60.2mA	40.8mA	63.1mA	64.1mA	25.4mA	34.2mA	25.1mA	50mA	54mA	53mA
重なり小 電圧	0.836V	0.832V	0.827V	0.85V	0.80V	0.860V	0.836V	0.89V	0.883V	0.89V
電流	21.3mA	20.9mA	20.8mA	36.7mA	2.6mA	8.4mA	8.1mA	10mA	9.8mA	20A

実験結果の例

　そして，2種類の金属の重なりが大きくなると電流がなぜ大きくなるのか，グループの話し合いで前時の学習と関連させます。

課題2　化学変化と関連させて，大きな電流を取り出すことができる理由を考えよう。

　話し合いで意見がなかなか出ないグループには，前時で亜鉛板やアルミニウムが溶け出す化学変化により電子が生じたことと関連させるようにします。

生徒A　どのグループも，重なっている面積が大きくても，電圧は大きくなってないね。

生徒B　電圧と違って，電流は2倍から3倍も大きくなってる。

生徒C　電流のもとは電子だったね。

生徒D　そうすると，重なっている面積が大きいほど電子が多く生じていることになるね。

教　師　前回の実験で，亜鉛やアルミニウムが溶け出す化学変化が起きたとき，電子が生じることを学習しましたね。

生徒A　そうすると，重なっている面積が大きいほど，亜鉛が溶け出しやすいことがわかるね。もっと重なりを大きくすると，電流をもっと多く取り出せるのかな？

生徒D　ということは，うすい塩酸をもっと濃い塩酸にすると，もっと亜鉛が溶け出して電流が大きくなるのかな？

　グループの話し合いにより，結論が導き出され，さらに新たな実験課題を見いだすことができました。単三電池，単二電池，単一電池と電池が大きくなっても，電圧は変わらず，電流の大きさが大きくなることや，マンガン乾電池とアルカリマンガン乾電池では電解質溶液が違い，取り出せる電流が違うことと関連づけます。

（上村　礼子）

| 第１分野 | 化学変化とイオン | 酸・アルカリとイオン |

洗剤の性質を，酸性・アルカリ性と関連させて説明しよう！

	調べる	発見する	体験する	話し合う	選ぶ	説明する	かかわり合う
習得・活用・探究という学習プロセスの中での，問題発見・解決を念頭に置いた深い学び	●	●	●		●		
他者との協働や外界との相互作用を通じて，自らの考えを広げ深める，対話的な学び				●			●
子供たちが見通しを持って粘り強く取り組み，自らの学習活動を振り返って次につなげる，主体的な学び						●	

1 授業のねらい

酸性・アルカリ性と身近な水溶液の液性を関連づけて説明する。

2 授業づくりのポイント

　生徒は，小学６年までに，酸性とアルカリ性の性質をリトマス試験紙の色の変化を調べる実験で学習しています。また，前時までに酸性・アルカリ性の水溶液の，BTB溶液，フェノールフタレイン溶液，マグネシウムリボンに対する変化について学習しました。

　そして本時は，身近な水溶液である洗剤の液性を調べる実験を通して，酸性・アルカリ性を関連づけて考えさせます。学習形態としてグループによる話し合い活動や発表も取り入れ，日常生活を関連させながら，液性を予想させた後，それぞれの液性を調べる実験を行います。さらに，それぞれの洗剤が落とす汚れの種類と洗剤の液性を関連させ，根拠を述べて説明させることで科学的な思考力を高めます。

3 学習指導案

時間	生徒の学習活動	教師の指導・支援
5分	1　前時の復習をする。	・前時に行った水溶液の性質を調べる実験について振り返りを行う。 ・今回は身近な水溶液である洗剤の酸性・アルカリ性を調べることを伝える。
	課題1　酸性・アルカリ性の強弱を表すpHについて理解しよう。	
10分	2　酸性・アルカリ性には強弱があり，pHの数値を用いて強弱を表すことができることを知る。	・同じ酸性の水溶液である酢酸と塩酸でも，マグネシウムに対する変化の様子が異なることを振り返らせ，酸性・アルカリ性には強弱があることを説明する。 ・酸性・アルカリ性の強弱を数値で表すpHについて説明し，pH試験紙で調べることができることも伝える。 ・サンポール，ブリーチ，ハンドソープ（ビオレ），マジックリン，カビハイターの5種類の洗剤を提示し，液性を予想させる。
	課題2　5種類の洗剤の液性について予想したことを発表し，実際に調べてみよう。	
20分	3　身近な水溶液である洗剤5種類の液性についてグループで日常生活と関連させて話し合い，予想したことを発表する。	・日常生活と関連させ，5種類の洗剤の液性についてグループで話し合わせ，予想したことを発表させる。どうしてそのような予想をしたのか明確に説明させるような発問をする。
	4　pH試験紙の使い方など，実験の方法について知る。	・pH試験紙の使い方など実験の方法について説明する。実験結果について，意外なこと，発見したことを後で発表することを伝える。
	5　pH試験紙を用いて，5種類の洗剤のpHを調べる。さらに，実験結果について考察する。	・pH試験紙を用いて，5種類の洗剤のpHを調べる実験を行わせ，その結果と予想を比較させ，考えを深めさせるようにする。
	課題3　5種類の洗剤の液性について，実験の結果から考えられることを発表しよう。	
10分	6　5種類の洗剤が落とす目的とする汚れの性質について知り，それぞれの洗剤の液性を調べる実験結果と汚れの種類を関連させて発表し，全体で考えを共有する。	・課題2の参考となる資料として，2012年12月22日（土）の朝日新聞の記事「今さら聞けない　酸とアルカリの中和で使い分け」を配付し，今回の実験結果と関連させてグループで話し合いまとめさせる。また，まとめたことについて，代表のグループに発表させる。
5分	7　本時の学習を振り返る。	・学習を振り返り，洗剤の液性の科学的な根拠について考えることができるように促す。

4 授業展開例

　前時は，小学校で学習した内容を思い出したうえで，塩酸，硫酸，硝酸，酢酸，クエン酸，水酸化ナトリウム水溶液，水酸化カリウム水溶液，水酸化バリウム水溶液，水酸化カルシウム水溶液，アンモニア水と，BTB 溶液，フェノールフタレイン溶液，マグネシウムリボンの反応の様子を調べる実験を行い，それぞれ酸性とアルカリ性の性質を確認しました。

　また，生ハムに10％程度の水酸化ナトリウム水溶液を加えて溶ける様子を確認し，アルカリ性の水溶液がタンパク質を溶かすことについて確認しました。

課題１　酸性・アルカリ性の強弱を表す pH について理解しよう。

　小学校では，塩酸と水酸化ナトリウム水溶液を用いて，リトマス試験紙の色の変化から水溶液の中には酸性を示すものとアルカリ性を示すものがあることを学習しました。また，スチールウールやアルミニウム箔を加えたときに気体が発生するかどうかも学習しています。

　本時は，塩酸と酢酸にマグネシウムリボンを加えたときの気体発生の様子の違いから，酸性には強弱があることを説明し，それを数値で表すのに pH が用いられることを伝えます。pH は０～14までの数値で，中性が７，７より小さい数値ほど酸性が強く，７より大きな値ほどアルカリ性が強いことを説明します。

課題２　５種類の洗剤の液性について予想したことを発表し，実際に調べてみよう。

　まず，個人で考えさせた後，５種類の洗剤の液性について，日常生活と関連させながら各グループで話し合わせました。これは，日常生活での体験を根拠として，論理的に説明させることをねらいとしたからです。

　続いて，グループで話し合ったことをホワイトボードにまとめさせ，すべてのグループのホワイトボードを黒板に貼り，いくつかのグループに代表で発表させました。その際，根拠を述べて説明するように促しました。

　次に，pH 試験紙を用いて５種類の洗剤の液性を調べる実験を行わせました。呈色皿に５種類の水溶液を１滴ずつ入れ，pH 試験紙を１cmほどの長さと

ホワイトボードに予想をまとめる様子

したものを加え，観察させます。
　予想とは異なる結果となったグループが多く見られ，「なぜ」という疑問から興味が高まる場面になりました。

pH試験紙で5種類の洗剤のpHを調べる様子

| 課題3　5種類の洗剤の液性について，実験の結果から考えられることを発表しよう。|

　ここで，2012年12月22日（土）の朝日新聞の記事「今さら聞けない　酸とアルカリの中和で使い分け」を配付し，汚れと洗剤の関係についてグループで話し合い，まとめさせました。

生徒A　マジックリンがアルカリ性になったね。
生徒B　サンポールの「サン」は酸性という意味なのかな？
生徒C　トイレの臭いの原因はアンモニアで，前回の授業でアルカリ性とわかっているね。
生徒D　アルカリ性と反対の性質の酸性のサンポールを使うと，アルカリ性を消すことができるから，アンモニアの臭いを打ち消すことができるんだね。
生徒A　台所の油汚れの油は酸性の汚れだから，マジックリンのようにアルカリ性の洗剤が汚れを落とすのに効果があるんだね。
教　師　私たちの体からは，皮脂という油汚れが出るので，アルカリ性の洗剤が使われるのですね。タンパク質でできた生ハムはアルカリ性の水溶液で溶けてしまったね。アルカリ性の洗剤はタンパク質の汚れを溶かす効果もあるのですね。
生徒A　ハンドソープは弱い酸性で，サンポールは強い酸性ということもわかりました。
教　師　同じ酸性でも，強弱があることがわかりますね。
生徒C　洗剤は意味があって様々な種類に分かれているんですね。

　これで，このグループは実験結果から複数の考察をすることができました。また，他のグループも洗剤の種類の意味について，用途と関連させて考察することができていました。

5　評価について

　実験後の考察は，汚れの種類とそれぞれの洗剤の液性を関連させ，レポートとしてまとめさせます。レポートは授業終了後に提出させ，生徒の理解を把握します。

（上村　礼子）

| 第１分野 | 化学変化とイオン | | 酸・アルカリとイオン |

中和反応が進んでいくときの溶液内のイオンの増減を説明しよう！

	調べる	発見する	体験する	話し合う	選ぶ	説明する	かかわり合う
習得・活用・探究という学習プロセスの中での，問題発見・解決を念頭に置いた深い学び		●					
他者との協働や外界との相互作用を通じて，自らの考えを広げ深める，対話的な学び				●			●
子供たちが見通しを持って粘り強く取り組み，自らの学習活動を振り返って次につなげる，主体的な学び						●	

１ 授業のねらい

> 化学変化とイオンでの学習事項を総合的に利用して，中和反応が進んでいくときの溶液内のイオンの増減の様子を理解する。

２ 授業づくりのポイント

「化学変化とイオン」では，電解質を含む水溶液には電流が流れることを学習します。さらに，酸は水素イオンと陰イオンに電離し，アルカリは水酸化物イオンと陽イオンに電離し，両者を混合すると中和反応が起こり，水と塩が生成することを学びます。

ここでは，これまでに学んだ水溶液の電気的な性質や中和反応に関する実験を通して，その結果を分析して解釈し，イオンのモデルと関連づけて説明することで，微視的な見方や考え方を養うことが主なねらいです。

3 学習指導案

時間	生徒の学習活動	教師の指導・支援
5分	1 「化学変化とイオン」で学習した内容のうち，電解質や中和反応について復習する。	・電解質を含む水溶液の性質や酸・アルカリの性質，中和反応について振り返らせる。
10分	2 ビーカーに水酸化バリウム水溶液を入れ，この水溶液に電流が流れることを確かめる（結果①）。	・アルカリである水酸化バリウムも電解質の水溶液であり，電流を流すことを確認させる。
	3 そこに硫酸を加えていくと，次第に電流が流れにくくなることを観察する（結果②）。	・「このときどのような反応が起きているか」を問う。さらに，この反応の場合は水に溶けにくい物質ができて白濁することに着目させる。
	4 さらに硫酸を加えていくと，再び電流が流れるようになることを観察する（結果③）。	・「なぜ再び電流が流れるようになるのか」を問う。
	課題1 中和反応が進むにつれて流れる電流の大きさが変化した理由を考えてみよう。	
5分	5 課題1に対する生徒各自の考えをイオンや分子，塩のモデルを用いてワークシートへ記入する。	・本時の復習事項を基に，実験結果①，②，③からわかることを整理させる。 ・必要であれば，水に溶けない白色の塩（沈殿）は電離していないことを伝える。
	課題2 イオンのモデルを用いて実験結果を学級全体に説明してみよう。	
10分	6 班で話し合いを行い，各自の意見を互いに説明し合う。	・実験結果を振り返りながら，班員同士で説明が正しいか考えさせる。 ・学級全体に対する発表に向けて，わかりやすい発表方法や図のかき方も考えさせる。
15分	7 各班での話し合いの結果を学級全体に向けて発表し，考えを共有する。	・各班に発表をさせる。 ・他の班の発表で，わからないところや納得のいかないところがあれば質問させるようにする。他の考え方がある場合には発表させる。
5分	8 本時の学習をまとめて振り返る。	・各種イオンの増減の変化について，図を用いて説明する。

4 授業展開例

　この実験は,「化学変化とイオン」のまとめとして行います。まずは,これまでの学習内容を振り返り,電解質の水溶液中にはイオンが存在し電流を流すことや,酸・アルカリも水中では電離していることを確認します。さらに,中和反応では,水素イオンと水酸化物イオンが反応し,水ができることを確認します。

　続いて,実験に移ります。演示実験ではなく,できる限り班ごとの実験にして,生徒に実験操作を行わせます。まず,ビーカーに水酸化バリウム水溶液を入れ,電流が流れることを確認します(結果①)。次に,この水溶液に少しずつ硫酸を加えていきます。すると,水に溶けない白色の沈殿ができてきます。そして,次第に水溶液に電流が流れにくくなります(結果②)。しかし,しばらく硫酸を加え続けると,再び水溶液に電流が流れるようになります(結果③)。

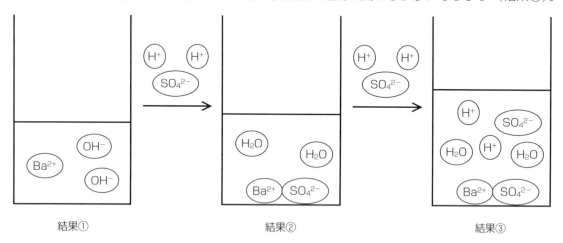

結果①　　　　　　　　結果②　　　　　　　　結果③

　本時は,この実験結果を踏まえて課題1に取り組みました。

> **課題1**　中和反応が進むにつれて流れる電流の大きさが変化した理由を考えてみよう。

　まずは,個人で課題1について考えさせました。5分間ほどよく考えさせたのち,班での話し合いに移ります。このときに,以下の2つの条件を加えました。

> ・これまでに学習した化学変化とイオンの内容を踏まえて説明する。
> ・イオンや塩,分子の図を用いて説明する。

生徒A　はじめの水酸化バリウムだけが入った水溶液は電流が流れたね。

生徒B　そうそう。水酸化バリウムは水溶液中で電離してイオンがたくさん入っているからだね。

生徒C　水酸化バリウムはアルカリだから，ここに硫酸を入れると中和反応が起こるんだったね。でも，硫酸を入れていくと白くなったけど…，これは何かな？

教　師　これは，硫酸バリウムといって，中和反応でできた塩の一種です。同じ塩の仲間の塩化ナトリウムは水に溶けて電離してイオンになるけど，塩の中には水に溶けないものがあります。この硫酸バリウムは水に溶けないから電離してイオンにはなりません。

生徒A　そうか。水素イオンや水酸化物イオンが中和して水になるからイオンが減るし，中和のときに一緒にできた塩は水に溶けてイオンにならないから，どんどんイオンが減っていくんだね。

生徒B　だから，だんだん電流が流れにくくなるんだ！

生徒C　この後，もっと硫酸を入れていくと中和反応する相手の水酸化バリウムがなくなるけど，硫酸を入れるということは，水素イオンや硫酸イオンがどんどん増えていくということだから，また水溶液に電流が流れるようになるんだね。

　これで，このグループは本時に実施した実験で起こっていたことをイオンのモデルを用いて説明することができました。

課題2　イオンのモデルを用いて実験結果を学級全体に説明してみよう。

　各班で話し合った結果を発表させました。イオンとそうでないものを色分けし，わかりやすく説明した班もありました。

　実験に用いる水酸化バリウム水溶液と硫酸を同じ濃度で調整し，さらに，反応した各溶液の体積を把握できるようにすれば，中和反応の量的な関係に気づく生徒が出てくるかもしれません。

5 評価について

　各班の発表について，発表のよかった点や説明のわかりやすさなどを生徒たちに相互評価させるのもよいでしょう。

（小笹　哲夫）

| 第1分野 | 運動とエネルギー | 運動の規則性 |

無重量の空間で思い通りの方向に動く方法を考えよう！

	調べる	発見する	体験する	話し合う	選ぶ	説明する	かかわり合う
習得・活用・探究という学習プロセスの中での，問題発見・解決を念頭に置いた深い学び	●	●	●				
他者との協働や外界との相互作用を通じて，自らの考えを広げ深める，対話的な学び				●			●
子供たちが見通しを持って粘り強く取り組み，自らの学習活動を振り返って次につなげる，主体的な学び						●	

1 授業のねらい

> 作用・反作用や慣性の法則を無重量の宇宙空間に当てはめて考察する。

2 授業づくりのポイント

　中学校では，運動の基本法則を学びます。しかし，重力や摩擦力などの影響が大きい地球上では，例えば「外から力を加えないかぎり，静止している物体は静止し続け，運動している物体は等速直線運動を続ける」という「慣性の法則」は成り立っていないように見えてしまいます。このことが，生徒が経験で得た知識と，理科で学ぶ知識のずれを起こし，わかりにくさを生じさせてしまうのではないかと考えました。そこで，宇宙空間を舞台にした課題に取り組ませることを通して，経験で得た知識とのずれを意識させながら運動の規則性を学ぶ授業を提案します。

3 学習指導案

時間	生徒の学習活動	教師の指導・支援
5分	1 課題の状況を整理する。	・課題で設定した登場人物になりきって考えさせるために，スライドショーで課題の状況を提示する。 ・物体の運動に着目させるために，「意図した方向に動く必要がある」ことを確認する。
	課題 所持品を利用して，静止した状態から，宇宙船に戻る方法を提案しよう。	
5分	2 個人で解決の方法を予想する。	・現実感を喚起し，個人の知識を最大限に生かして考えさせるために，「5分以内で宇宙船に戻る必要がある」ことを確認した後，タイマーを5分間に設定し，予想を記述させる。
5分	3 ペアで意見を紹介し合う。	・全員に考えを表現させるようにする。
10分	4 全体で考えを共有する。	・素朴な考えを大切にするために，「人によっていろいろな考え方があることを知るための話し合いだから，自分と違う考えの人がいたら，その人の考えを歓迎して，なぜその人がそう考えたのかを考えてみるようにしよう」と伝える。 ・生徒が経験で得た知識と関連づけて考えさせるために，予想の根拠を述べさせる。 ・本時の最後に一般化してまとめるために，物体，力，質量，方向などの言葉を使って生徒の意見を整理する。
10分	5 実験を行う。	・予想を実験で確かめるために，人が荷物を押す行動を，1台の力学台車の反発バネでもう1台の力学台車を押す実験に見立てる。 ・物体の質量の違いにより反作用の力が変化することを確認するため，「なぜ，質量が大きな荷物を投げようとするのですか？」と問いかける。 ・上から観察すると2台の力学台車が一直線上を運動したことを確認する。
10分	6 考察を行う。	・2つの力のつり合いと，作用と反作用の違いを明らかにするため，作用と反作用が2つの物体間で働く力であることを確認する。
5分	7 本時のまとめを行う。	・理想的な空間における現象を観察させるために，宇宙ステーション内の実験映像を視聴させ，物体が運動するには外から力を働かせる必要があることや作用と反作用について確認をする。

4 授業展開例

　授業開始後，まずスライドショー※で課題を提示しました。その際，登場人物になりきって考えさせるために，例えば「宇宙遊泳している気分はどうかな？」などと問いかけます。

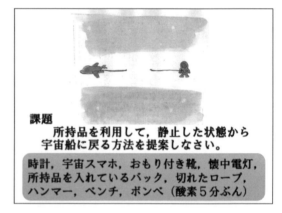

※福岡教育大学附属福岡中学校美術科の岩村慶悟先生に場面絵をかいていただきました。

　スライドショーの後，「あなた」が宇宙空間に静止した状態から宇宙船に戻る必要があることを確認し，所持品等についての質問を受けました。生徒からは，「宇宙スマホで宇宙船を動かすことができないのか？」「おもりつき靴の重さはどのくらいか？」などの質問が出ましたが，質問に対する応答を通して「課題は所持品を使って宇宙船の方向に動くこと」を確認しました。その後，「酸素ボンベには5分ぶんの酸素しか残っていませんよ。あなたは5分間で宇宙船に戻るためにどんな行動をしますか？ 学習プリントに書いてください」と発言した後，タイマーアプリケーションを5分間に設定し，予想の時間を開始しました。

　5分後，予想した方法と理由をペアで紹介し合わせました。これは，答えが1つではないことや，これまでの経験に関連づけて考えればよいことなどを感じ取らせたいからです。

続いて，全体で予想を交流しました。ここでは，生徒が発表した具体的な予想を「物体」や「方向」という言葉で一般化して板書することで，自然に後の考察やまとめに移行するためです。

生徒A　ロープにおもりつき靴を結びつけて，宇宙船に向かって投げます。
教　師　宇宙船の方向に投げたら，その後，何が起こるのですか？
生徒A　おもりつき靴に引っ張られて，ピューッと…。
教　師　物体を移動したい方向に投げ，物体に引っ張られて移動するという考えですね。
生徒B　おもりを投げるのは逆だと思います。
教　師　えっ，そんなことをすると，宇宙船から離れてしまうのでは？（生徒Aうなずく）
生徒B　おもりを投げた反動で自分は宇宙船の方向に移動できます。
教　師　なるほど，反動ですか。（机などを押している生徒に発言させてもよい）
教　師　ところで，なぜ投げるのがおもりつき靴なのですか？
生徒C　重いものを押すと，反動が大きそうだからです。
教　師　重いとは，質量が大きいということですね。質量の違いが動きに関係しそうですね。他にありませんか？　どんなことでも構いませんよ。
生徒D　泳ぎます！（一斉に笑う）
教　師　（笑顔で）みなさん，なぜ笑っているのですか？　Dさん，何泳ぎが有効かな？

　予想の後，力学台車を「あなた」と「荷物」に見立てた実験を行いました。ここでは，「あなた」にあたる力学台車Aの反発バネで，「荷物」にあたる力学台車Bを押したときのそれぞれの台車が動く向きについて

予想させた後，演示実験を行いました。実験の説明をする際，「重力や摩擦力の大きさが宇宙空間とは異なるが，物体Aが物体Bを押したときのそれぞれの物体が動く向きを調べる」ことを確認しました。その際，ひもで結んだときの動きや，質量の違いによる運動の違いなどを確かめることもできます。

　実験の後，作用と反作用について板書で整理しました。その際，JAXAが提供している「宇宙実験」の動画を視聴させることで，宇宙空間における現象が教科書に記載されている現象に近いこと，私たちが生活している地球上は重力や摩擦力等の影響を強く受けるから，ある意味特殊な空間であることを確認しました。　　　　　　　　　　　　　　　　（堀　浩二）

第１分野	運動とエネルギー	力学的エネルギー

これからの地球で推し進めるべき発電方法について討論しよう！

	調べる	発見する	体験する	話し合う	選ぶ	説明する	かかわり合う
習得・活用・探究という学習プロセスの中での，問題発見・解決を念頭に置いた深い学び	●				●		
他者との協働や外界との相互作用を通じて，自らの考えを広げ深める，対話的な学び				●			●
子供たちが見通しを持って粘り強く取り組み，自らの学習活動を振り返って次につなげる，主体的な学び						●	

1 授業のねらい

> エネルギー問題について討論することによって，自分の考えを深める。

2 授業づくりのポイント

　この単元で，生徒はエネルギー保存の法則を学び，エネルギーはどこからかわいてくるわけではなく，有限であることを知ります。そのことを生活の中に生かす姿勢を培うために，身近なエネルギー問題について考えさせることにしました。

　この学習は３時間扱いとして，第１時はまず発電のメカニズムについて学ばせた後，学級を「火力発電」「原子力発電」「水力発電」「その他の発電」の４グループに分け，自分のグループの発電の強みや弱みについて調べさせます。第２時は自分たちのグループの優位性を示すために，他グループの弱み，自グループの弱みとそれについての反論材料を話し合わせ，第３時の討論へとつなげます。

3 学習指導案（第3時）

時間	生徒の学習活動	教師の指導・支援
4分	1　前時までの論点を整理し，プレゼンテーション発表と質疑応答に備える。同時に，発表者，座長，計時などの係分担をする。	・「自グループの強み」「他グループの弱み」「自グループの弱みの反論材料・補強材料」をそれぞれまとめておくように伝える。 ・座長，計時の役割を説明し，自グループの次の発表グループについて担当することを伝える。
	課題1　これから活用を推進すべきエネルギー資源について考えよう。	
9分	2　火力発電推進グループによる発表（5分）と質疑応答（3分）を行う。	・座長と計時係の担当がスムーズに入れ替わるように指示する。 ・自グループのメンバーは質疑応答時の援護のための確認，他グループのメンバーは自分たちが調べた内容と比較して聞くよう指導する。
9分	3　原子力発電推進グループによる発表（5分）と質疑応答（3分）を行う。	・具体的な例と比較しながら，説明が正しいか考えさせるようにする。 ・発表時間と質疑応答時間は若干の増減を認め，全
9分	4　水力発電推進グループによる発表（5分）と質疑応答（3分）を行う。	体で8分に収まるように指示する。 ・質疑応答時には相手への敬意を忘れずに対応するように伝える。
9分	5　その他の発電推進グループによる発表（5分）と質疑応答（3分）を行う。	・質疑応答時に発表者が答えに窮していたら，自グループのメンバーが援護してあげることも可能であることを伝える。
	課題2　発表の振り返りをして，今の自分の考えをまとめよう。	
6分	6　自分の考えをもつ。	・自グループだけでなく，他の3グループの発表も踏まえ，今のところ自分はどのグループを支持するのか，あるいはそれ以外の考え方を支持するのか，自由に考えてよいことを伝える（必ずしも自グループの支持に回らなくていいことを強調する）。 ・自分たちで調べたうえで，他グループと意見を交換することで，自分たちの考えが深まったことを確認する。
4分	7　本時の学習を振り返る。	・配付したワークシートに感想をまとめ，今後の生活に生かしたいことを簡単に書き出すように指示する。 ・今の考えはあくまで今の考えであって，さらに深い学びや様々な経験を通して，今後考えを修正していく姿勢も重要であることを話し，今の考えに固執する必要はないことを伝える。

第2章　アクティブ・ラーニングを位置づけた中学校理科の授業プラン

4 授業展開例

　前時までに，エネルギーは有限であり，そのエネルギー資源をどう活用していくかが現代社会で大きな課題の1つになっていることを伝えました。この授業を「科学技術と人間」の単元で扱わず，「運動とエネルギー」の単元で扱う理由は，エネルギー保存の法則からエネルギーの有限性について考えさせ，一見難しそうな学びが生活の中に生きていることを実感させるためです。3時間扱いのうちの第1時は次単元の「科学技術と人間」の内容を扱いますが，第2,3時は「運動とエネルギー」に戻り，エネルギーの保存やエネルギーの変換の観点からエネルギー問題を考えさせました。

　以下は，前時までに各グループが調べている内容です。

---

①自グループの発電方法の強み（長所等）
②自グループの発電方法の弱み（短所等）
③他グループの発電方法の強み（長所等）
④他グループの発電方法の弱み（短所等）
⑤その他の発電グループで発表が想定される発電方法
⑥自グループの発電方法の弱みに対して反論する材料

　実際の授業では，グループで情報をスムーズに共有できるように，タブレット端末（iPad）を各グループに3台ずつ配付し，役割分担をしてインターネットで調べ物をしたり，プレゼンテーション資料を作成したりするのに利用させました。タブレット内にはプレゼンテーション用のアプリを3種類用意し，直感的に使用できるものから多機能のものまで，自分たちに適したものを選べるようにしました。

　ICT機器の操作が得意ではない生徒のために，工作用紙をラミネート加工した簡易型ホワイトボードも各グループ5枚ずつ配付し，タブレットとあわせてグループ内での意見共有等に使用させました。このホワイトボードに書いた場合は，タブレットで写真を撮り，それをプレゼンテーション時に投影するようにあらかじめ指導しておきました。

本時はまず，前時までに作成したプレゼンテーション資料，質疑応答時の反論材料，他グループへの質問内容等，手持ち資料を確認させ，科学系学会さながらの発表となるように，座長，計時の各係も決めさせてから発表に移りました。また，１鈴４分（発表終了１分前），２鈴５分（発表終了），３鈴８分（質疑応答終了）で時間も意識させました。

課題１　これから活用を推進すべきエネルギー資源について考えよう。

　「自分たちが主体的に未来について話している」という自覚をもたせるために，座長と計時係を中心として生徒に討論を進行させるようにさせました。

　教師は発表者がiPadから直接投影するか，実物投影機を使用するか，あるいは併用するかを発表者から聞いて，切り換え操作などを担当しました。また，発表中には，自グループのメンバーには質疑応答時の援護のための確認を行うことなどを，他グループのメンバーには自分たちが調べた内容と比較して聞くことなどを，それぞれ個別に呼びかけました。

発表生徒　私たちは○○の発電を推進すべきだと考えます。理由は…だからです。
発表生徒　これをご覧ください。このデータからわかることは我々が推進する発電方法が…。
発表生徒　これで発表を終わります。
座　　長　ただいまの発表について，質問や意見のある人は挙手をお願いします。
質問生徒　○○についてよく調べてあり，とてもわかりやすかったです。さて，質問ですが，今の発表では発電効率が最も高いと言っていましたが，△△を考慮すると…。
発表生徒　質問ありがとうございます。確かに，△△を考慮した場合には…。
座　　長　それではよろしいでしょうか。これにて発表を終わりにしたいと思います。

　以上のようなやりとりを全グループが終えた後，まとめに入りました。

課題２　発表の振り返りをして，今の自分の考えをまとめよう。

　前時までに使用してきたワークシートの最終欄に，感想と今後の生活に生かしたいことを記入させ，本時を振り返りました。

　最後に，今の考えはあくまで今の考えであって，さらに深い学びや様々な経験を通して，今後考えを修正していく姿勢も重要であることを話し，今の考えに固執する必要はないことを伝えました。生徒たちは未来について深く考えることができたと満足していました。

（大西　琢也）

第1分野	運動とエネルギー	力学的エネルギー

ジェットコースターが ゴールする順位を考えよう！

	調べる	発見する	体験する	話し合う	選ぶ	説明する	かかわり合う
習得・活用・探究という学習プロセスの中での，問題発見・解決を念頭に置いた深い学び	●		●		●		
他者との協働や外界との相互作用を通じて，自らの考えを広げ深める，対話的な学び				●			●
子供たちが見通しを持って粘り強く取り組み，自らの学習活動を振り返って次につなげる，主体的な学び						●	

1 授業のねらい

> ジェットコースターにおける力学的エネルギーの移り変わりを説明する。

2 授業づくりのポイント

　生徒は，前時までに運動エネルギー，位置エネルギー，力学的エネルギーの保存について学習しました。本時では，位置エネルギーや運動エネルギーの移り変わり方の異なるジェットコースターモデルを3コース用意し，そのコース上を転がる球の運動について，既習事項を基に考えさせます。個人で予想した後，演示実験を見て，なぜコースによって球のゴールへの到達時間に差が生まれるのかについて，グループで話し合いを行います。その中で，自らの考え方の誤りに気づき，新しい考え方を構成し始めます。そして，演示実験の結果を吟味する活動を行います。このような活動を通して，力学的エネルギーの保存の法則の定着を図るとともに，科学的な思考力・表現力の育成を目指します。

3 学習指導案

時間	生徒の学習活動	教師の指導・支援
2分	1 前時までの復習をする。	
	課題 ジェットコースターは力学的エネルギーをどのように利用しているのだろうか。	
4分	2 ジェットコースターモデルの説明を聞き，問題を把握する。	
	問題 Ａ・Ｂ・Ｃのコースで同時に球を転がすと，ゴールする順位はどうなるだろうか。	
5分	3 問題の結果を予想する。（個人）	・単純な結果だけでなく，理由もあわせてノートに記述させる。その際，位置エネルギーや運動エネルギーなどの用語を必要に応じて用いさせる。
4分	4 演示実験を見る。	
5分	5 グループで，個人の予想したこと及び問題の結果について話し合い，なぜそのような結果になったのか考えを整理する。	・個人で立てた予想を大切にし，グループ内で多様な意見の交流ができるように支援する。
5分	6 グループごとに，問題の結果に対する理由と，検証実験で調べるべき事柄について考え，ホワイトボードにまとめる。	・自分たちの考え方が正しいことを確かめるためには，どのようなデータを得るべきかを考えるように促す。
8分	7 グループの考えを発表する。	
10分	8 グループで検証実験を行い，結果を整理する。	
5分	9 検証実験の結果を基に，個々に問題に対する考察を行う。	・力学的エネルギー，位置エネルギー，運動エネルギーなどの用語を用いて説明するように指示する。
2分	10 ジェットコースターの行う運動について振り返り，本時のまとめをする。	・時間があれば，今回の３コース以外についても，様々なコースを考えてみるように促す。

4 授業展開例

前時までに，斜面を下る台車の運動や自由落下など様々な物体の運動には規則性があること，運動エネルギーと位置エネルギーは相互に移り変わること，また，その際に力学的エネルギーの総和が保存されることについて学習しています。授業の冒頭に，既習事項の確認を行い，本時の課題を提示します。

> **課題** ジェットコースターは力学的エネルギーをどのように利用しているのだろうか。

課題はジェットコースターにおける力学的エネルギーの移り変わりを考えることですが，なかなか考えにくいので，ここではジェットコースターモデルを用いて球の運動を通して課題に迫っていくことを伝え，モデルの説明及び課題に迫るための問題を提示します。

実際の授業では，下のような自作のジェットコースターモデルを準備しました。これは配線用カバーを木材に固定し，その上に球を転がすことができるようにしたものです。一方は斜面の下り坂からそのまま平面を進むように，もう一方は木材の切り込みを利用して，下り坂の後に登り坂や下り坂をつくれるように工夫しました。

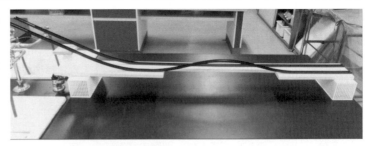

> **問題** A・B・Cのコースで同時に球を転がすと，ゴールする順位はどうなるだろうか。
>
> Aコース…下り坂→平面
> Bコース…下り坂→登り坂→平面→下り坂
> Cコース…下り坂→下り坂→平面→登り坂

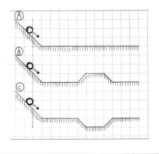

ジェットコースターモデルと問題を把握したところで，個人で問題に対する予想を立てさせます。ここでは，根拠をあげて記述させます。また，この後のグループの話し合いに自身の考えを明確にして臨むことができるよう，しっかり自分の考えを記述させます。生徒は，「力学的エネルギーは保存されるから，どのコースも一緒にゴールする」「コースが最も短く平坦だから，Aコースが1番早い」「下り坂が2つあり速度が大きくなり，Cコースが1番早い」な

ど，多様な予想を立てます。
　次に，教師の演示実験で問題の結果を示します。結果の意外性に驚く生徒が多く，なぜそうなるのか考える意欲を十分に引き出せると考えます。
　次に，グループで「自身の予想について」「なぜこのような結果になったのか」「どのような検証実験を行えばよいか」について話し合い，グループの考えをホワイトボードにまとめさせます。

生徒A　何で力学的エネルギーは保存されるはずなのに，同着ではないんだろう？
生徒B　BコースやCコースは高さが変わっているよ。
生徒C　高さが変わっているということは，位置エネルギーが変わっているということだね。位置エネルギーを数値化して考えてみよう。
生徒D　ゴールの位置エネルギーはどのコースも同じだけど，Cコースは下り坂があるから，そこで位置エネルギーがマイナスになっているね。
生徒B　位置エネルギーが小さくなるということは，力学的エネルギーが保存されるのだから，運動エネルギーが大きくなるということだよね。
生徒A　えっ!?　運動エネルギーが大きくなるって，どういうこと？
生徒D　運動エネルギーが大きくなるということは，速さが大きくなる，速くなるということだよね。
生徒B　では，検証実験でそれぞれの地点の速さを測定してみよう。
生徒C　そうすれば，私たちの考えが正しいことが証明できそうだね。

　グループの話し合いの中で，自らの考え方の誤りに気づき，新しい考え方を構成し始める様子が見られます。また，新しく構成された考え方を実証するために，どのようなデータを得る必要があるのかについても討論し，検証実験で測定する条件を考えます。今回の場合には「各地点の速さ」を測定することになりますが，振り子などとは異なり，本教材では実際にコースの各地点の速さを測定することが容易です。このことは，生徒に抽象的なエネルギー概念を獲得させるに当たって，実感を伴った理解を得る手助けにつながります。
　グループでの話し合いの後は，いくつかのグループに発表させ，グループごとに検証実験，結果の整理，考察，まとめを行います。

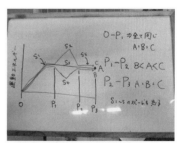

（島田　直也）

| 第2分野 | 地球と宇宙 | 太陽系と恒星 |

惑星の特徴をつかみ，
宇宙の広さを実感しよう！

	調べる	発見する	体験する	話し合う	選ぶ	説明する	かかわり合う
習得・活用・探究という学習プロセスの中での，問題発見・解決を念頭に置いた深い学び	○		○				
他者との協働や外界との相互作用を通じて，自らの考えを広げ深める，対話的な学び							
子供たちが見通しを持って粘り強く取り組み，自らの学習活動を振り返って次につなげる，主体的な学び						○	

1 授業のねらい

太陽系の惑星の特徴を生かした表現を通して，太陽系における地球の位置を実感させる。

2 授業づくりのポイント

　生徒の多くは，宇宙や惑星に関心をもっていますが，他の単元と違って，実感を伴った理解に導くのが難しい学習内容でもあります。だからこそ，理解を深めるためには，生徒の主体的な活動を授業中に取り入れる必要があります。

　そこで，生徒自らが意欲的に惑星の特徴をつかみ，宇宙・惑星の距離感やスケール感を実感的にとらえられる教材と授業展開の工夫を紹介します。

3 学習指導案

時間	生徒の学習活動	教師の指導・支援
前時	**課題1（事前課題）** 惑星の特徴を説明・紹介してください。	
20分	1 パソコンに映し出された惑星レポート（事前課題）を用いて惑星の大きさ等を説明する。発表は惑星1つに対して1人とし，8名が発表する。	・生徒一人ひとりが作成してきたレポートの表現方法を説明する。 ・惑星レポートをスクリーンに映し出す。
	2 発表内容に関して質問を行ったり，ワークシートに記入したりする。	・生徒の発表の補助や補足の説明を行う。
10分	3 太陽と地球の大きさの比率を予想する。	
	課題2 スクリーンの大きさの太陽があるとして，地球はどの位置にあるのだろうか。	
	代表の生徒が地球のモデルを持ち，太陽のモデルからどれほど離れているか予想して動く。	・スクリーンに映し出した太陽から，大きさと距離の比率について説明する。
15分	4 8つの惑星の大きさと太陽との距離について，モデルを通して考える。	・スライドや実際のボール等を用いて，実際の太陽系の広がりのイメージを伝える。
5分	5 「宇宙への関心」についてワークシートへ記入する。	

4 授業展開例

　惑星・宇宙の広がりに関するレポート作成については，生徒1人に対して惑星を1つ割り当て，以下のような課題を与えます。

①「ここがすごい，○○（惑星名）の△△」と題して惑星の一押し部分を紹介しよう。
②惑星になりきったつもりで，自己紹介をしよう※。
③SF作家になりきったつもりで，惑星を旅する小説を書いてみよう。

①の例をあげます。「ここがすごい，水星の気温」とした生徒は，水星がゆっくり自転するところに目をつけ，昼夜の気温差を紹介しました。照明を太陽，バスケットボールを水星に見立て，ゆっくりと自転しながら公転することで，昼が長くなることを説明していました。

　②は，まず教師が例を示します。例文を示すことで，内容のイメージがわきやすくなるだけでなく，書いてみたいという気持ちにさせることができます。

> 　こんにちは，金星です。地球さんとは隣の席なので，とても仲良くさせてもらっています。大きさもほぼ同じため，双子みたいとよく言われます。地球さんとの違いと言えば，平均体温が高いところでしょう…（以下略）

　③では，マッハ33（地球脱出速度）で惑星まで移動した場合にかかる時間などのデータも与えておくとよいでしょう。

> 　20XX年。地球を出発してから82日目。私たちはやっと火星にたどりついた。そこは，赤い土と岩石で覆われる砂漠のような場所だった。体は軽い。重力は地球の三分の一程度であろうか。夜空を見上げると一際大きな星が見える。地球から見た月よりは小さい。火星の衛星「フォボス」だろうか。それにしても夜は寒い…（以下略）

　実際のデータとは明らかに異なることを書いてはいけませんが，将来的に実現可能な範囲でのフィクションはよいとします。また，「必ず地球に帰ってくる」という条件を与えることで，宇宙は怖いところという印象を与えないように留意します。
　レポートの種類は，惑星8つに加えて，太陽や月，冥王星等を加えてもよいでしょう。
　レポートの提示・発表方法には，大きめのスクリーンやテレビに映し出す，パソコン教室の生徒全員のパソコン画面にレポートを映し出す，などの方法があります。8つの班ごとに惑星を割り振っておくことで，班内での発表をまず行い，その後のクラス発表では班の代表（つまり惑星代表）者8名に発表してもらうことが可能となります。

　生徒の中には，惑星間の距離や大きさの比率等について，間違ったスケール感をもっている者が少なくありません。そこで，太陽と地球の実際のスケール感を教室に再現させるため，課題2を与えます。

課題2　スクリーンの大きさの太陽があるとして，地球はどの位置にあるのだろうか。

教　師　スクリーンに映し出されているのは，太陽です。ここに直径10cmの太陽があるとしたら，地球の大きさはどれくらいになると思いますか？
生徒A　約100分の1だから，1mmです。
教　師　その通りです。ここにおよそ1mm（実際は2mmほど）の青色LEDがあります。これを地球に見立てます。この地球と太陽ですが，実際の宇宙ではどれだけ離れているでしょう？Aさん，地球を持って動いてみてください。

青色LEDを持って動く生徒

生徒A　（5mほど離れて）これぐらい離れていると思います。離れすぎかな？
教　師　他のみんなはどう思いますか？
　　　　（Aさんと同じか，より長いか，短いかで挙手をさせる）
　　　　では，Bさん，動いてみてください。
生徒B　はい。（教室の端まで移動して）もっとこれぐらい離れていると思います。

　太陽の直径を10cmとすると，太陽と地球は11mほど離れていることになるため，理科室のような少し大きめの教室でも，一番前から最も後ろまでの距離となります。広い宇宙の中で，地球を含めた惑星がいかに小さい存在であるかを実感できます。

　宇宙のスケール感を実感させる方法としては，学校周辺の地図を基に，右図のようなスライドを作成するやり方もあります。直径2mの太陽をスクリーンに映し出し，金星であれば「一円玉」，木星であれば「サッカーボール」がどのあたりを回っているかを理解させます。身近な場所とものとで示すことで，宇宙の広さを実感しやすくなります。

直径2mの太陽が学校にあるとした場合の金星（直径2cm）の軌道

（髙田　太樹）

※田代直幸・山口晃弘（2015）『9つの視点でアクティブ・ラーニング』（東洋館出版社）pp.130-135

| 第2分野 | 自然と人間 | 生物と環境 |

微生物の働きを確かめるための実験計画を立案しよう！

	調べる	発見する	体験する	話し合う	選ぶ	説明する	かかわり合う
習得・活用・探究という学習プロセスの中での，問題発見・解決を念頭に置いた深い学び	●						
他者との協働や外界との相互作用を通じて，自らの考えを広げ深める，対話的な学び				●			●
子供たちが見通しを持って粘り強く取り組み，自らの学習活動を振り返って次につなげる，主体的な学び						●	

1 授業のねらい

微生物の働きを確かめるための実験計画を立案する。

2 授業づくりのポイント

　本単元では，微生物の働きを調べ，植物，動物及び微生物を栄養の面から相互に関連づけてとらえさせるとともに，自然界では，これらの生物がつり合いを保って生活していることを見いださせることが大切です。生徒は，前時に微生物の働きについて学習しました。本時は，生徒の主体的かつ協働的な学びを通して，微生物の働きを確かめるための実験計画を立案します。「問題を見いだし観察，実験を計画する学習活動」「観察，実験の結果を分析し，解釈する学習活動」「科学的な概念を使用して考えたり説明したりするなどの学習活動」に言語活動を意図的・計画的に取り入れ，科学的な思考力・表現力の育成を目指すとともに，学びに向かう力やメタ認知等の情意・態度面の形成も図っていきたいと思います。

3 学習指導案

時間	生徒の学習活動	教師の指導・支援
3分	1　前時の復習をする。	・微生物の働きについて確認させる。
7分	2　課題を把握する。	
	課題　微生物の働きを確かめるための実験計画を立案しよう。	
		・目的達成への見通しをもたせるために，主体的かつ協働的な学びを促したり，足場かけを行ったりする。 ・グループで協力して課題に取り組み，全員が理解し説明できるようになることが目標であることを伝える。 ・日常生活や学校環境を思い出させ，微生物が多く存在していそうな場所を想起させる。 ・使用する実験器具等を確認する。
30分	3　グループで実験計画について話し合い，グループの考えをホワイトボードにまとめる。	・「なぜ？」「どのように？」という疑問を生徒に投げかけ，深く思考させる。 ・対照実験の必要性に気づかせる。 ・ホワイトボードを使って思考を可視化する。 ・習得した科学的な概念や用語を使用させる。 ・科学的な根拠を基に，論理的に説明させる。 ・文章を基に，図や表も用いて，論理的でわかりやすい説明になるよう工夫させる。
10分	4　グループでまとめた考えについて，科学的な概念や根拠を基にした話し合いや発表，討論をする。他者から説明された内容や他者から受けた質問等を要約する。	・多くの生徒に，発表と相互評価する場を設定する。 ・他者の発表を聞く中で，わからないところや納得のいかないところがあれば必ず質問させるようにする。

4 授業展開例

　授業の冒頭で微生物の働きについて復習するとともに、これまでに学習した知識を活用して本時の課題に取り組むことを伝えます。

　また、課題に取り組む際、グループで協力し、グループ全員が理解し、説明できるようになることが目標であることを伝えます。

　そして、本時の課題を提示します。

課題　微生物の働きを確かめるための実験計画を立案しよう。

　まずは、実験方法について必要最低限の確認を行います。「微生物が存在しそうな土に水を入れて布でこし、そのろ液にデンプン溶液を加え、数日後にヨウ素液を加えて反応を観察すること」と説明します。その際、実験にともなう安全面の注意も必要です。

　次に、実験計画についてグループで話し合い、グループの考えをホワイトボードにまとめます（写真1）。机間指導では、「なぜ？」「どのように？」という疑問を生徒に投げかけ、深く思考するように促すことが大切です。

　グループでまとめた考えについての話し合いや発表、討論をする場面では、多くの生徒に発表と相互評価の機会を与えることが大切です。

　実際の授業では、くじ引きを行い、4人グループのうちの1人が座席を移動して発表活動を行いました。1学級に11班のグループが存在するので、合計11名の生徒が一斉に発表を行うことになります。その際、理解が進んでいる班と理解が乏しい班で相互評価をさせる、異なる実験計画を立案している班同士で相互評価をさせるなど、教師の意図的な働きかけが必要です。

写真1　グループで実験計画をまとめる様子

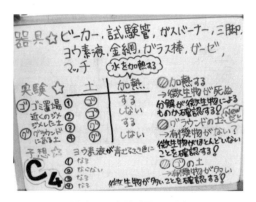
写真2　実験計画の一例

ここでは、写真2の実験計画を立案したグループの発表と相互評価の様子を紹介します。

生徒A 私たちのグループでは、ゴミ置き場の近くの土とグラウンドの土を使って実験を行います。なぜなら、ゴミ置き場の近くの土には落ち葉があるし、湿っているので、微生物が多くいると考えたからです。グラウンドの土は微生物が少ないと思うので、比較のために実験することにしました。また、それぞれの土をそのまま使う場合と、土を加熱して微生物を死滅させる場合とを比較して、微生物の働きを確かめたいと思います。

生徒B 質問です。もしも、土を加熱してもすべての微生物が死滅しなかったらどうするのですか？

生徒C そうなると、予想した結果とは違う結果になっちゃうよね。

生徒A …。

生徒C 僕たちのグループは、微生物が多くいそうな土とただの水を使って比較することにしたよ。

生徒A なるほど。そういう方法もあるんだね。

その後、このグループはホワイトボードに、土を入れないで水だけを使う対照実験を書き加えました。

次時では、前時の相互評価により修正した実験計画を基に実験を実施させました（写真3）。さらに数日後、ヨウ素液を加えて実験結果（写真4）を確認し、分析・解釈をさせました。そして、一連の問題解決過程を振り返り、レポートとして論述させ、科学的な概念を再構築させました。

写真3　実験を行う様子

写真4　実験結果の一例

（井上　祐介）

第2分野	自然と人間				生物と環境	

シミュレーション実験を通して 人類が増え続けた理由を考えよう！

	調べる	発見する	体験する	話し合う	選ぶ	説明する	かかわり合う
習得・活用・探究という学習プロセスの中での，問題発見・解決を念頭に置いた深い学び	○	○	○				
他者との協働や外界との相互作用を通じて，自らの考えを広げ深める，対話的な学び				○			○
子供たちが見通しを持って粘り強く取り組み，自らの学習活動を振り返って次につなげる，主体的な学び						○	

1 授業のねらい

> 食物連鎖のシミュレーション実験を行い，自然界で生活する動物が個体数の増減を周期的に繰り返すことを考察する。

2 授業づくりのポイント

　草食動物と肉食動物の数の変化をシミュレーション実験で調べると，草食動物が先に増加し，続いて肉食動物が増加しますが，どちらの動物とも増え続けることはなく，周期的な増減を繰り返すことがわかります。

　しかし，人類だけはこの数世紀の間増え続けています。どうすれば，増え続けることができるのでしょうか。それをシミュレーション実験で調べることはできないのでしょうか。

　そのことについて，数が増えるとなわばりの中が密集状態なり，急に減少を始めることに注目して考えていきます。

3 学習指導案

時間	生徒の学習活動	教師の指導・支援
5分	1　前時の実験結果を確認する。 ・草食動物が先に増え，肉食動物が増えてくると，草食動物が減り，肉食動物も減る。 ・両方の動物とも周期的に「ある範囲」で増減を繰り返す。 ・自然界での増減も同様であることを確認する。	・前時の実験結果を発表させる。 ・発表した生徒の結果は，他の生徒の結果と共通しているか確認する。 ・自然での増減の資料と比較し，同じ傾向であることを確認する。 ・増減を繰り返す「ある範囲」は何に基づくのか疑問をもたせる。
	課題1　両方の動物とも増減を繰り返す「ある範囲」は何に基づいているのだろうか。	
5分	2　実験班で，実験中の様子や結果を振り返りながら考える。 ・草食動物の数が増えるとなわばりの中で密集し，肉食動物が1回に食べる数が増える。 ・このことから草食動物の数が急に減り，肉食動物も減る。	・実験中の様子を「草食動物のなわばり内での密集の様子」「肉食動物が1回に食べる草食動物の数」という視点で振り返らせる。
	3　課題1について発表する。	・草食動物は，数が増えてもなわばりの面積が広く，密集しなければ，肉食動物からねらわれやすくならず，さらに数が増えるのでは，と推定させる。
	課題2　草食動物のなわばりの面積を変えて実験してみよう。	
25分	4　草食動物のなわばりを小中大の3種類用意する。	・密集すると減り始めることから，面積が大きいほど，増え続けるだろうと予想して実験させる。
	課題3　実験結果から，なわばりの面積と数の関係を考えよう。	
15分	5　実験結果を発表する。 ・面積が大きいほど増え続ける時期が長く，増減の周期が長くなる。 ・数が増えるにしたがってなわばりの面積が広くなっていったらどうなるか考える。 ・人類の数の増加のグラフと比べ，増え続けるためにどのようなことが行われていたのか考える。 ・人類がこれまで増加できた理由とこれからはどうなるかを考えてまとめる。	・発表した生徒の結果は，他の生徒の結果と共通しているか確認する。 ・なわばりの面積小のグラフを減少が始まる直前で区切り，中のグラフも減少が始まる直前で区切り，面積小→中→大の順にグラフを並べると，どちらの動物も増え続けていることに気づかせる。 ・なわばりの面積が広がると数が増えることを参考にして，人類の数が増え続けたのはなぜか考えさせる。 ・地球上で人類が生活する場所が拡大してきたことに気づかせる。また，これ以上拡大できるかどうか考えさせる。

4 授業展開例

食物連鎖のシミュレーション実験は写真1のようにクリップを草食動物，磁石を肉食動物として，厚紙（39.4cm×27.2cm）の上で行います。厚紙の一方にクリップを並べ，斜面から磁石を転がして，くっついたクリップは肉食動物に食べられた草食動物とします。磁石は，地磁気の影響で曲がるのでまっすぐ転がる向きに厚紙を置きます。

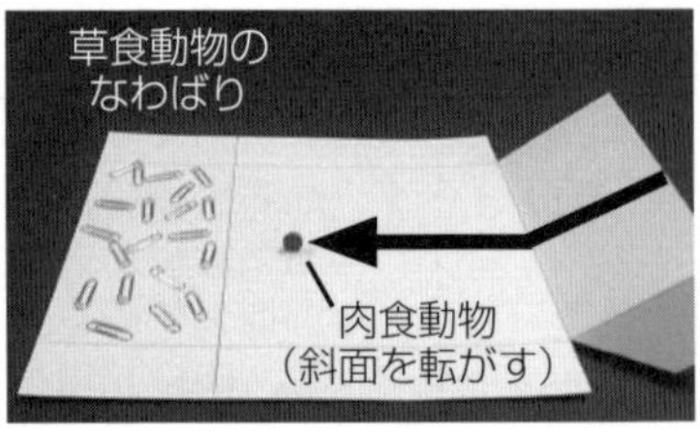

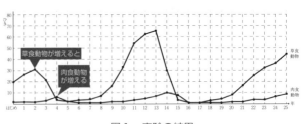

写真1　実験の様子

はじめの年は草食動物20，肉食動物2とし，草食動物を3以上食べた肉食動物は生き残ります。両方の動物とも生き残ると翌年は数が2倍になります。数が0になった場合は次の年は1とします。この実験では，図1のように，自然界と同じような「ある範囲」で周期的な増減をする結果になります。

図1　実験の結果

課題1 両方の動物とも増減を繰り返す「ある範囲」は何に基づいているのだろうか。

実験班で考えたうえで，発表をさせると，数が増えていくときや減り始めるときの様子に注目して，「草食動物の数が増えるとなわばりの中が密集し，肉食動物が1回に食べる数が増える。そうすると草食動物の数が急に減り，肉食動物も減る」といった意見があがりました。つまり，なわばりの中での草食動物の密集度が両方の動物の増減に関係しているということです。

そこで，課題2を提示します。

課題2 草食動物のなわばりの面積を変えて実験してみよう。

実験のきまりは変えず，草食動物のなわばりの面積と肉食動物がねらう距離を1：2：3に変えて実験します。また，面積小でこれまで使用した中クリップ（No.11）を20並べると密集するので，どの面積も小クリップ（No.13）を使うことにします（磁石は，直径13mm，厚さ4mmのフェライト磁石）。

このように面積を変えて実験すると，表1のように面積が大き

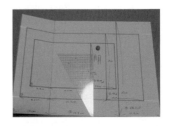

写真2　小中大のなわばりを設定

いほど最大数が大きくなり，増減の周期も長くなる結果になりました。

この結果を基にいよいよ課題3について話し合います。

	小95cm²	中190cm²	大285cm²
草食動物	36	100	142
肉食動物	8	18	20
20年間の周期の回数	3	2.5	2

表1　なわばりの面積と動物の最大数，増減の周期の関係

> **課題3**　実験結果から，なわばりの面積と数の関係を考えよう。

生徒A　なわばりの面積が大きくなるほど，草食動物の数が大きく増えるね。
生徒B　だって，広ければ密集しないし，肉食動物もねらいにくい。
生徒C　でも，いくら広くても，増えすぎたら密集して，肉食動物に一気に食べられちゃう。
生徒D　密集してきたらなわばりが広がればいいのにね。
生徒A　密集してきたところでグラフをつなげてみよう。
生徒D　面積が小さい方から順番に並べると…。
生徒A　どんどん数が増えていくね。これって人類の数が増えているのに似てるよね。
生徒D　そうか，人類も生活の場をどんどん広げているよね。
生徒C　そうだね，でもこれからもどんどん広げられるのかな…？

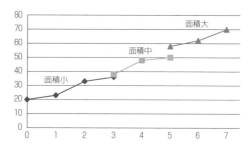

図2　面積小→中→大の順につなげた数の変化のグラフ

　図2のようにグラフを並べると，なわばりの面積を広げていくと草食動物の数を増やし続けることができそうです。人類も生活の場（＝なわばり）を広げながら数を増やしてきました。中には，「いよいよ地下や他の惑星に移住するのかな」といった意見も出ました。また，「いつかは急に減る時期がくるのでは」と心配する生徒もいました。

5　評価について

　話し合った内容から，自分なりの考察と感想をまとめさせます。実際の授業では「自然界の本当のなわばりの面積との関係を知りたい」という感想や，なわばりをめぐる戦いについての記述も見られました。授業中での話し合いの内容から発展させて述べたものには高い評価を与えます。

（大久保秀樹）

第1分野	科学技術と人間	エネルギー

電力を安定供給する方法を考えよう！

	調べる	発見する	体験する	話し合う	選ぶ	説明する	かかわり合う
習得・活用・探究という学習プロセスの中での，問題発見・解決を念頭に置いた深い学び	●	●	●				
他者との協働や外界との相互作用を通じて，自らの考えを広げ深める，対話的な学び				●			●
子供たちが見通しを持って粘り強く取り組み，自らの学習活動を振り返って次につなげる，主体的な学び						●	

1 授業のねらい

電力の安定供給を試みるシミュレーション実験を行い，より効率的な供給方法や自然エネルギーの活用方法について考察する。

2 授業づくりのポイント

電力の供給者と消費者に分かれてシミュレーション実験を行うことで，電力を安定的に供給するために，複数の発電所を用意し，需要に合わせて稼動する発電所を組み合わせていることを体験させます。この結果から，需要が大きいときにのみ稼動する発電所が必要である一方，需要が少ない時間は多くの発電所が稼動していないことに気づかせます。

そして，どのようにすれば，もっと効率的に安定して電力を供給できるか，また，天候や時間に影響される太陽光や風力発電でも安定して供給するにはどのようにしたらよいのかなどについて考えさせていきます。

3 学習指導案

時間	生徒の学習活動	教師の指導・支援
5分	1 電力利用の実態を知る。 ・電力利用の1日の変化のグラフや様々な発電所，電力会社の中央指揮所の画像資料を見る。	・1日の中で，電力消費が多い時間と少ない時間では，2倍近くの差があることに気づかせる。 ・電力会社の中央指揮所では各発電所にどのような指令を出しているのか考えさせる。
	課題1 電力の供給者と消費者のシミュレーション実験をして，どうすれば需要に合った電力を供給できるか考えてみよう。	
20分	2 電力の供給者と消費者のシミュレーション実験をする。 ・手回し発電機2台と豆電球4個を並列につなぐ。 ・消費者は，豆電球1～4個を点けたり消したりする。 ・供給者は，発電機の台数や回し方を工夫して，供給量を調整し，需要の変化に対応する。	・4人グループで，供給者2人（発電所役1人，指令役1人），消費者2人に役割分担する。 ・供給者には，発電機の台数や回し方を工夫して，豆電球の数が変化しても，同じ明るさで点灯させるようにする。 ・豆電球の数が変化しても，同じ明るさで点灯するように電力を供給することが安定供給であることを伝える。 ・需要の変化により，発電機を回す負荷がどのように変化するのか記録させる。
	課題2 電力の安定供給のためにはどうすればよいだろう。	
15分	3 電力需要が変化したときの発電機の負荷や豆電球の明るさの変化について発表する。 ・豆電球の数が減ると，発電機の負荷が軽くなり，明るくなり過ぎ，場合によっては豆電球が切れる。 ・豆電球の数が増えると，発電機の負荷が重くなり，豆電球は，暗くなる。ほとんど点かなくなることもある。	・需要が減ったときに発電所の対応が間に合わないと過大な電流が供給されてしまうこと，需要が増えたときに対応が間に合わないと停電してしまうことに気づかせる。
	4 安定供給のためにはどうしたらよいか考えて発表する。	・安定供給のためには，需要が増えたときに対応するための発電所を用意しておくことが必要であり，このような発電所は，需要が少ないときは止まっていることに気づかせる。
	課題3 より少ない発電所で電力を安定供給するにはどうしたらよいだろう。	
10分	5 少ない発電所でも安定的に供給するためにどうしたらよいか各班で話し合い，発表する。 ・太陽光や風力発電などの天候や時間に影響される発電方法も含めて考える。	・発電所の多くは，いつも稼動していないことに注目させる。 ・電力需要の多い時間は，各地域により時差があるので，地球規模では同時ではないことに気づかせる。

第2章 アクティブ・ラーニングを位置づけた中学校理科の授業プラン

4 授業展開例

私たちは，スイッチさえ入れれば，いつでも電気が使えます。その電気はいつも適切な電流です。しかし，図1のグラフのように，夏の1日では時間帯によって電力利用状況に最大で約2倍程度の違いがあります。そこで，生徒に「電力の供給者は，どうやってこのような需要に対応し，電力を供給しているのだろうか」と問いを投げかけます。

また，各地にある様々な発電所や，各発電所に指令を出す電力会社の中央指揮所の画像資料を見せます。そして，「中央指揮所ではどんな指示を発電所に出しているのだろうか」と問い，シミュレーション実験に入ります。

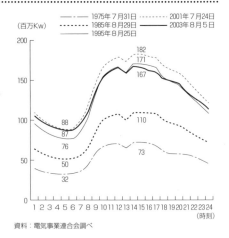

図1 夏の1日の電力利用状況

課題1 電力の供給者と消費者のシミュレーション実験をして，どうすれば需要に合った電力を供給できるか考えてみよう。

図2のように回路を組み立てます。このような回路をつくることで2年で学習した「電流」の復習をすることもねらっています。供給側に手回し発電機が2台あるのは，実際の電力供給では，各地にある複数の発電所から供給しているからです。発電機は，スイッチを介して並列につないでいます。スイッチは，電力会社の中央指揮所のモデルです。需要に応じてスイッチを入れたり切ったりして，発電する発電機を1台や2台にします。

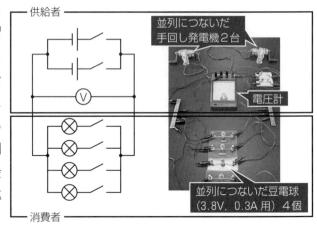

図2 シミュレーション実験の回路

消費者側は，ソケットに入っている豆電球を閉めたり緩めることで点灯させたり消したりします。朝が来たと想定して豆電球を点灯していって需要を増やしたり，昼休み，工場の一部が止まったと想定して豆電球を1つ消したりします。このように消費者側は，自分の都合で点灯する豆電球を増やしたり減らしたりします。この需要の変化に，指令役はスイッチを操作して発電所役に指示を出し，手回し発電機を回させたり止めさせたりします。しかも，電力を安定的

に供給する想定で，需要が変化しても2Vで供給し続けます（そのために電圧計があります）。

　しかしながら，この実験で安定的に電流を供給することは非常に困難です。需要の変化に対応できず，豆電球が暗くなったり，明るくなり過ぎたりします。このことにより，実際の電力供給の安定性がいかに高いかを体験することができます。

> **課題2　電力の安定供給のためにはどうすればよいだろう。**

　実験結果から，需要の変化に対応するためには，複数の発電所を用意しておいて，ふだんは，稼動しないがピーク時のみ稼動する発電所が必要なことがわかります。つまり，実際の電力供給が安定的に行えているのは，稼働率の低い，ピーク時のみ稼動する発電所があるためだとも言えます。このことを踏まえて課題3について話し合います。

> **課題3　より少ない発電所で電力を安定供給するにはどうしたらよいだろう。**

生徒A　安定供給のためにピーク時の数時間だけ稼動する発電所があることになるね。

生徒B　クーラーや暖房を使わない季節もあるから，もしかして，季節限定，ピーク時のための発電所もあるかもね。

生徒C　発電所の施設って大規模だよね。それをわずかな時期のために用意してるの？

生徒D　ピーク時は日本中で一斉だよね。でも，仕事を始める時間や昼休みはずらせるかも。

生徒A　日本が昼のとき，夜の地域があるよね。そこでは，電気が余ってないかな？

生徒C　そうか，需要が少ない時間帯の地域から多い地域に電気を送ればいいんだよ。

生徒D　太陽光発電や風力発電だって，晴れてたり，風の強い地域から電気を送れば安定供給できるかも。

生徒B　線さえつなげばいいんだよ。地球規模の送電網！　でも，実際はできないのかな…？

生徒A　東日本大震災のとき，日本国内でさえ，遠くから送電はできないって聞いたよ。

生徒B　地球規模の送電網，できたらいいね。電気が余ったら，すぐに足らない地域に売った方がもうかるから，戦争とかも起きにくくなるよね。

　このように，地球規模の送電網や世界平和の実現まで夢が広がります。長距離送電に伴う損失を解決するための超電導送電など，まだまだ発展の可能性はあります。この授業で話し合ったことは，生徒たちが大人になるころには実現するのでしょうか。

（大久保秀樹）

第3章

アクティブ・ラーニングを位置づけた科学的な探究における指導と評価

1 科学的な探究にアクティブ・ラーニングを位置づける

❶アクティブな学習と科学的な探究の充実

　「アクティブ・ラーニング」というと，学習活動の形態や学習の進め方に注目が集まりがちですが，大切なことはどのような学習活動であっても生徒がアクティブ（能動的）に学習を行うことです。生徒がアクティブに学習に取り組み，生徒自身がその学習を行ったと認識し，学習を通して成長したと実感できるような指導と評価の在り方が求められます。また，中学校理科における資質・能力を育成するうえで，科学的に探究する学習活動（以下，科学的な探究）を充実させることが大切です。

　図1は，科学的な探究の例です。本章では，科学的な探究において，生徒がアクティブに取り組むための指導と評価について述べます。

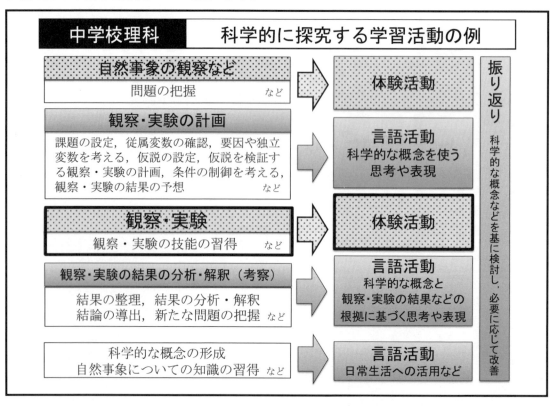

図1　科学的な探究の例

❷科学的な探究における体験活動と言語活動にアクティブに取り組む

　図1の科学的な探究において，中学校学習指導要領（理科）の「指導計画の作成と内容の取扱い」に示された次の3つの学習活動を行うことが大切です。

・問題を見いだし観察，実験を計画する学習活動

・観察，実験の結果を分析し解釈する学習活動

・科学的な概念を使用して考えたり説明したりするなどの学習活動

　科学的な探究において，その中心は観察・実験です。体験活動である観察・実験を充実させるには，その前後の「観察・実験の計画」と「観察・実験の結果の分析・解釈」において，科学的な概念や観察・実験などの根拠に基づく思考や表現などの言語活動を充実させることが大切です。そして，それぞれの学習活動に生徒がアクティブに取り組むことが，科学的な探究を充実させることになります。そのための適切な指導と評価が求められます。

2 指導と評価のポイント

❶ 問題を見いだし観察・実験を計画する学習活動における指導と評価のポイント

　中学校学習指導要領の目標に「目的意識をもって観察，実験などを行い…」とあります。目的意識をもたせるには，観察・実験を計画する学習活動が大切になります。そして，生徒が観察・実験に対して目的意識をもつことは，科学的な探究を自分のこととしてとらえ，その見通しをもつことになり，科学的な探究をアクティブに取り組むことにつながります。

　観察・実験を計画する学習活動としては，次のような例があげられます。

・自然事象の観察などから問題を見いだす。

・見いだした問題から課題を設定する。

・従属変数（変化させる要因に伴って変わる事象）を確認する。

・要因や独立変数（変化させる要因）を考える。

・仮説を立てる。

・仮説を検証する観察・実験を計画する。

・条件の制御を考える。

・観察・実験の結果を予想する。

　これらの観察・実験を計画する学習活動は，固定的なものではありません。内容，単元，教材，生徒の発達の段階や実態などに応じて，ある学習活動を重点的に扱ったり，適宜省略したりするといった工夫が必要になります。このような工夫をすることで，観察・実験を計画する学習活動の指導計画を立てることが大切です。

　また，これらの学習活動における言葉は，変数，仮説など，生徒にとって難しい場合があります。生徒の発達の段階や実態に即して，適切な言葉に置き換えて指導することも必要です。ただし，科学的な探究の能力の基礎を育てることを目標に位置づけている中学校理科において，中学校を卒業するまでには，これらの言葉を理解し，科学的な探究をアクティブに行えるようにしたいものです。

⑴問題を見いだし課題を設定する

　中学校学習指導要領に示された「問題を見いだし観察，実験を計画する学習活動」において，「問題を見いだし」を具現化することは大切なことです。科学的な探究を生徒がアクティブに行うには，生徒自らが自然事象の観察などから問題を見いだすことが望まれます。そして，見いだした問題から，解決すべき課題を明らかにし，課題を設定します。

　すべての科学的な探究で，直接的な体験から問題を見いだすことは難しいものです。そこで，教科書の図版などを利用し，認知的な葛藤を引き起こす自然事象を確認したり，2つの自然事象を比較したりすることから，問題を見いだすことなどが考えられます。

　形成的な評価，主に指導に生かす評価として，見いだした問題から設定した課題を自分のこととしてとらえていることを評価規準として，生徒の状況に応じて指導に当たり，これから行う科学的な探究を生徒がアクティブに行うことができるようにすることが大切です。

　課題を把握することは，観察・実験の実施や結果の考察において大切です。生徒は観察・実験において，何を調べようとしているかを認識して臨み，アクティブに観察・実験を進めることで，科学的な探究を意味あるものにすることができます。また，考察は課題に正対したものでなければなりません。

⑵観察・実験を計画する

　因果関係がある自然事象を扱う観察・実験を計画するには，はじめに設定した課題から，従属変数を確認します。そして，従属変数に影響を及ぼすと考えられる要因を考え，それらの中から独立変数を絞り込みます。次に，変化する従属変数をどのように調べればよいかを考え，独立変数を具体的に設定します。従属変数と独立変数を明らかにすることができれば，「…すれば，…になるだろう」などの仮説を立てることができます。このようなプロセスを踏むことで，観察・実験の計画をアクティブに行うことができます。

　仮説という言葉は生徒にとって難しいので，予想という言葉に置き換えることも考えられます。ただし，予想については「観察・実験の結果の予想」を指す場合もあります。そのことを踏まえて，言葉を適切に使うようにしたいものです。

⑶条件の制御を考える

　観察・実験を行う際，条件の制御は大切です。変化させる要因である独立変数は「変える条件」であり，それ以外の要因は「変えない条件」として観察・実験を計画する必要があります。

　小学校では比較，関係づけ，条件の制御，推論という問題解決の能力をはぐくんでいます。中学校では，これらを踏まえ，診断的な評価を通して得られた生徒の実態や状況に応じて指導に当たることが大切です。そして，科学的に探究する能力の基礎と態度を育てることにつなげ，ひいては科学的な探究をアクティブに行えるようにすることが大切です。

第3章　アクティブ・ラーニングを位置づけた科学的な探究における指導と評価

❷ 観察・実験の結果を分析し解釈する学習活動における 指導と評価のポイント

　平成24年度全国学力・学習状況調査の質問紙調査において，「観察・実験の結果の分析・解釈の実施」については，88.4％の中学校が「行っている」と肯定的に回答しています。ところが，それらの中学校の生徒のうち，41.8％がその実施について「行っていない」と否定的に回答しています。この数値の乖離から，観察・実験の結果を分析し解釈する学習活動に生徒がアクティブに取り組んでいない場合があることが考えられます。

(1)結果と考察を区別する

　生徒の考察は，観察・実験の結果の繰り返しや言い換えのことがあります。その際，結果ではなく，考察を説明するように指導することが大切です。形成的な評価，主に指導に生かす評価として，結果と考察を区別できているかをしっかり見極め，考察を説明できていない生徒には，課題と観察・実験の結果を関連づけて考えさせるなどの指導を行うことが大切です。

(2)課題または観察・実験の目的，仮説などを踏まえる

　生徒が考察を書いたり説明したりできない理由の1つとして，観察・実験で何を調べようとしているのかを，明確に把握していないことがあげられます。生徒自身が，課題または観察・実験の目的，仮説などを設定したり把握したりしていなければ，それらを踏まえた観察・実験の結果を分析し解釈することはできません。観察・実験の結果の分析・解釈を充実させるには，観察・実験の計画の指導が要となります。

(3)科学的な概念と観察・実験の結果などの根拠に基づいて考察を説明する

　生徒の考察において，観察・実験の結果などの根拠に基づいた説明になっていない場合があります。観察・実験の結果の考察では，科学的な概念と観察・実験の結果などの根拠に基づいて，観察・実験の結果を分析し解釈したり説明したりすることが大切です。例えば，先に結論を述べ，次に結論の根拠を述べるようにし，観察・実験の結果などの根拠に基づいた説明を指導することが考えられます。

　形成的な評価，主に指導に生かす評価として，考察を観察・実験の結果などの根拠に基づいて説明しているかどうかを評価し，指導に生かすことが大切です。例えば，考察において，結果を踏まえず予習で身につけた知識を再生し説明している生徒には，観察・実験の条件や結果から考えたことを説明するように促すなど，生徒の状況に応じた指導を行いましょう。

⑷一人ひとりが考察を書いたり説明したりする

　小グループで考察しても，最後に一人ひとりが考察を書いたり，説明したりすることで科学的な探究のまとめを行うことが大切です。教師がまとめた板書を生徒が書き写すだけ，ということにならないよう注意したいものです。

　科学的な探究を生徒自らまとめることは，科学的な探究における振り返りの場面であり，自己評価を行うことにほかなりません。アクティブな学習を進めるに当たって，自己評価は欠かせません。生徒が自己評価を適切に行い，その効果を高めるためには，教師の工夫が求められます。例えば，課題，プロセス，観察・実験の結果を生徒がしっかりとらえられ，考察が適切に行えるようなワークシートの作成などが考えられます。

❸科学的な概念を使用して考えたり説明したりする学習活動における指導と評価のポイント

　科学的な探究を通して習得した知識や技能を活用して，日常生活や社会における自然事象について考えたり表現したりする学習活動を行うことが考えられます。このような学習活動は，理科における資質・能力を育成するとともに，理科を学ぶ意味や有用性を実感させることができます。その１つとしてパフォーマンス課題[1]があげられます。自然事象に関する日常生活や社会におけるパフォーマンス課題を単元に位置づけると，理科で身につけた知識や技能を活用し，その課題を解決することを通して，自然事象について考えたり表現したりする学習活動を行うことができます。

⑴パフォーマンス課題を導入する

　理科におけるパフォーマンス課題を，日常生活や社会の中から見いだすことは大変なことです。それを求めるあまり，理科の内容を超えることになりかねません。そのような課題は，総合的な学習の時間で設定することも考えられます。できる限りその単元で習得した知識と技能を主に活用して解決できる課題が望まれます。習得していない知識と技能を必要とするパフォーマンス課題は，その解決の過程において，それらの知識と技能を必ず補足しなければなりません。

　パフォーマンス課題を導入するに当たっては，「パフォーマンス課題のシナリオに織り込むべき６要素（GRASPS）」[1]が参考になります。例えば，「８種類の無色透明の水溶液と液体を判定する」というパフォーマンス課題では，その６要素は次のページのように設定し，生徒を主人公にした場面を位置づけることで，アクティブな学習活動を行うことができます。

８種類の無色透明の水溶液と液体の判定

（１年／第１分野／身の回りの物質）

　生徒は研究所の所員であり，無色透明の水溶液（塩酸，炭酸，アンモニア水，水酸化ナトリウム水溶液，砂糖，食塩水）と液体（水，エタノール）の計８種類を判定し依頼者に報告するという場面を設定する。生徒は研究所の所員として，課題を解決するに当たり，的確，適切，安全，環境，低コストなどに配慮し取り組むようにする。

● Goal：パフォーマンスの目的

　水溶液と液体を判定した結果を，科学的な概念や根拠（実験結果）を基に依頼者にわかるように説明する。

● Role：生徒の役割

　研究所の所員

● Audience：相手（生徒が説明する対象）

　依頼者

● Situation：想定されている状況

　研究所に８種類の無色透明の水溶液と液体の判定の依頼があり，それらを判定するために実験を計画し実施する。得られた結果を分析・解釈し，科学的な概念や根拠（実験結果）を基に依頼者へわかるように説明する。

● Performance：パフォーマンス

　実験の計画，実験の実施，考察（分析・解釈），説明

　Product：プロダクト（成果物）

　依頼者への報告書（観察・実験レポートを兼ねる）

● Standards and criteria for success：（評価の）観点

　観点別学習状況の評価の観点（科学的な思考・表現）

　評価規準（概ね満足と判断できる生徒の姿）

　・習得した知識や技能を活用して，８種類の水溶液と液体を判定するための観察・実験を計画している。

　・観察・実験の結果を分析して解釈し，８種類の水溶液と液体を判定し，科学的な概念に基づき考察（結論と根拠）を説明している。

　十分満足と判断できる生徒の姿の例

　・観察・実験の結果を分析して解釈し，８種類の水溶液と液体を判定し，科学的な概念に基づき根拠を十分にあげ考察を説明している（下線の例として，多様な方法や多面的な見方，論理的，より的確・適切，環境や低コストへの配慮など）。

パフォーマンス課題のシナリオに織り込むべき６要素（GRASPS）の例

(2) 科学的な探究を通してパフォーマンス課題を解決する

　単元にパフォーマンス課題を位置づける場合，パフォーマンス課題から単元を見直します。その際，単元やその中の授業に，科学的な探究のプロセスを埋め込むようにします。次の図2は，その例です。

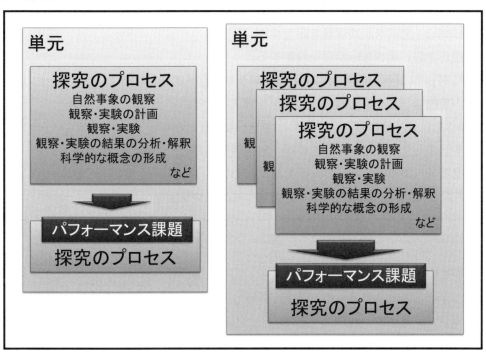

図2　パフォーマンス課題を設定した単元の例

　パフォーマンス課題を解決するために，図2のように科学的な探究のプロセスを踏みますが，パフォーマンス課題の解決のプロセスを考える際，生徒の発達の段階や実態，パフォーマンス課題に応じて，科学的な探究における各プロセスを取捨選択することが大切です。
　また，パフォーマンス課題によっては，あるプロセスを重点化した取り組みも考えられます。例えば，慣性の法則が適用される自然現象などの原理を他者へ説明するというパフォーマンス課題は，現象の観察，結果の記録，結果の分析・解釈，結論の導出，そして他者への説明というプロセスを踏むことで課題の解決を行うことが考えられます。この場合，観察・実験を計画する学習活動を省略しています。
　また，各プロセスにおいて，小学校で培ってきた問題解決の能力や中学校で育成すべき資質・能力を引き出し，それらを育成するように指導に当たりたいものです。
　そして，パフォーマンス課題に対して生徒がアクティブに取り組むためには，次の点に留意して指導と評価に当たるとよいでしょう。

- これまでの学習や生活経験で習得した知識や技能を活用して解決できるような課題を設定する。
- 日常生活や社会と関連する課題，またはシミュレーションの文脈における課題を設定する。
- 生徒が関心・意欲を示す課題を設定する。
- 易し過ぎず難し過ぎない課題を設定する。
- 課題に対して，「自分は解決できる力がある」と自信をもたせる。
- ペア，またはグループで協力して課題を解決させる。
- 「わかった自分，できるようになった自分」を認識させる。
- 課題を解決したことによる，達成感・成就感を実感できるようにする。
- 課題を解決したことに対して，ほめたたえる。
- 限られた時間内で，課題を解決できるような工夫や支援を行う 。

(3)評価規準とルーブリック

　パフォーマンス課題においても，目標に準拠した評価の長所を生かすことが大切です。また，ルーブリック（評価指針：評定尺度とその内容を記述する指標）[2]を導入することが考えられます。生徒の学力向上を考えれば，ルーブリックを使用してパフォーマンス評価を行うことは有効です。

　その前提として，まずは評価規準という考え方をよく理解し具現化する必要があります。そして，中学校生徒指導要録における観点別学習状況の評価に準じて３段階で始めます。評価規準として「概ね満足できる」状況を明らかにし，それに対して想定できる「十分満足できる」状況をいくつかあげます。「努力を要する」状況は「概ね満足できる」状況と判断できないものとすれば，このための新たな負担はなくなります。ただし，「概ね満足できる」と判断することができるまでの指導や支援を考える必要があります。

　評価規準やルーブリックは，生徒の実態やパフォーマンスの状況により見直しをしていく必要があります。できれば評価規準やルーブリックは生徒と共有し，生徒がその評価規準やルーブリックを基に自己評価できるようにしたいものです。そのためには普段から，生徒の自己評価力やメタ認知能力を育成しておくことが大切です。

❹ 科学的な探究の各プロセスの振り返りにおける指導と評価のポイント

　科学的な探究の各プロセスにおいて，生徒がアクティブに学習を進められるようにしたり，

理科における資質・能力を育成したりするうえで，振り返りを行うことは大切です。その要は自己評価でありメタ認知です。

　例えば，観察・実験を行っているときは，安全を確認したり，方法を見直したりすることが考えられます。また，観察・実験の計画や結果の考察では，仮説や予想，考察を，科学的な概念や根拠などに基づいて多面的，総合的に検討したり，必要に応じて改善したりすることが考えられます。

　このような振り返りを通して，生徒の自己評価力やメタ認知能力を育成することは，ひいては生徒の学力の向上に資することになります。また，理科における振り返りでは，科学的な探究のプロセスの節目で意識的に自己評価を行い，学習を自己調整しながら，目標に向けて自ら学習を進めることが大切です。つまり，生徒が振り返りを通して次に何をすべきなのか，次にどう改善していくべきなのかなどを自ら考えられるようになることが求められます。このようにして，自然事象を学ぶアクティブ・ラーナーの育成を図りたいものです。

【引用・参考文献】
1　西岡加名恵（2011）「パフォーマンス課題の位置づけとつくり方」（日本理科教育学会編『理科の教育』9月号，pp.9-12，東洋館出版社）
2　田中耕治（2010）『新しい「評価のあり方」を拓く―「目標に準拠した評価」のこれまでとこれから―』（p.55，日本標準）

・田中保樹（2015）「アクティブ・ラーニングの考えを生かした単元の指導計画と評価」（田代直幸・山口晃弘編著『中学校理科　9つの視点でアクティブ・ラーニング―「科学的な思考力・表現力」を育む授業デザインと評価―』pp.20-27，東洋館出版社）

（田中　保樹）

【執筆者一覧】

山口　晃弘（東京都品川区立八潮学園校長）

牧野　　崇（東京都豊島区立池袋中学校）

岡田　　仁（東京学芸大学附属世田谷中学校）

堀　　浩二（福岡県太宰府市教育委員会）

坂本　有希（岩手県野田村教育委員会）

河野　　晃（東京都葛飾区立一之台中学校）

青木久美子（東京都世田谷区立千歳中学校）

髙田　太樹（東京学芸大学附属世田谷中学校）

宮内　卓也（東京学芸大学教育実践研究支援センター）

島田　直也（埼玉大学教育学部附属中学校）

井上　祐介（神奈川県横浜市教育委員会）

内藤　理恵（東京都世田谷区立尾山台中学校）

村越　　悟（東京都練馬区立石神井中学校）

大西　琢也（東京都日野市立日野第四中学校）

上村　礼子（東京都立小石川中等教育学校）

小笹　哲夫（茗溪学園中学校・高等学校）

大久保秀樹（東京都墨田区立桜堤中学校）

田中　保樹（神奈川県横浜市教育委員会）

【編著者紹介】
山口　晃弘（やまぐち　あきひろ）
東京都品川区立八潮学園校長
1961年福岡県生まれ。
1984年東京学芸大学教育学部初等教育学科理科専修卒業。
1984年理科担当教諭として，都内の公立学校に勤務。
1993年東京都教育研究員（中学校理科）。
1995年都立教育研究所教員研究生。
2005年中央教育審議会理科専門部会の専門委員を兼務。
2015年東京都中学校理科教育研究会事務局長。
主な著書
『中学校理科　授業を変える課題提示と発問の工夫50』（明治図書，単著）
『中学校理科　9つの視点でアクティブ・ラーニング』（東洋館出版社，編著）
『発想が広がり思考が深まるこれからの理科授業―言語活動を重視した授業づくり』（東洋館出版社，編著）
『中学校理科室ハンドブック』（大日本図書，編著）
『中学校理科　板書とワークシートで見る全単元・全時間の授業のすべて』（編著，東洋館出版社）

アクティブ・ラーニングを位置づけた
中学校理科の授業プラン

| 2016年7月初版第1刷刊 | Ⓒ編著者 | 山　口　晃　弘 |
| 2016年11月初版第2刷刊 | 発行者 | 藤　原　光　政 |

発行所　明治図書出版株式会社
http://www.meijitosho.co.jp
（企画）矢口郁雄　（校正）㈱東図企画
〒114-0023　東京都北区滝野川7-46-1
振替00160-5-151318　電話03(5907)6701
ご注文窓口　電話03(5907)6668

＊検印省略　　組版所　長野印刷商工株式会社
本書の無断コピーは，著作権・出版権にふれます。ご注意ください。

Printed in Japan　　ISBN978-4-18-255225-0
もれなくクーポンがもらえる！読者アンケートはこちらから　→

授業を変える 課題提示と発問の工夫50

続々重版中！

Yamaguchi Akihiro
山口晃弘 著

学習課題と発問を通して理科授業の本質に切り込む！

理科の授業づくりを考えるうえで欠かすことができない2つの要素、課題と発問。生徒が思わず授業に引き込まれる魅力的な課題とその提示の工夫、課題を生徒自身の問いにまで転化させる発問の工夫を、中学3年間の各領域の内容に沿って具体的な授業展開の中で紹介します。

顕微鏡の使い方を相互評価しよう（生物の観察）／恐竜の足跡は化石と言えるでしょうか？（地層の重なりと過去の様子）／水道管には反発し、定規には引き寄せられるのはなぜでしょうか？（静電気と電流）／固体の塩化ナトリウムに電流は流れるでしょうか？（水溶液の電気伝導性）／科学的な根拠に基づいて意思決定しよう（自然環境の保全と科学技術の利用） ほか

152ページ／A5判／2,100円+税／図書番号：1849

明治図書　携帯・スマートフォンからは **明治図書ONLINEへ** 書籍の検索、注文ができます。▶▶▶
http://www.meijitosho.co.jp　＊併記4桁の図書番号（英数字）でHP、携帯での検索・注文が簡単に行えます。
〒114-0023　東京都北区滝野川7-46-1　ご注文窓口　TEL 03-5907-6668　FAX 050-3156-2790

＊価格は全て本体価示表です。